劳动教育
实践活动

安应文　张　轲　◎　主　编
熊　韬　孙国忠　◎　副主编

电子工业出版社
Publishing House of Electronics Industry
北京·BEIJING

内 容 简 介

全书围绕劳动实践活动展开，共设置了"生活技能""志愿劳动""农事体验""美食享用""技艺磨炼"5个活动项目，其中包含15个实践活动、15位最美劳动者。本书既有理论知识，又有实践活动，从劳动知识、技能、思维、情感态度、价值观等多维目标，培养学生的思维能力、实践能力。

本书适合职业院校教师与学生使用。

未经许可，不得以任何方式复制或抄袭本书之部分或全部内容。
版权所有，侵权必究。

图书在版编目（CIP）数据

劳动教育实践活动 / 安应文，张轲主编. -- 北京：电子工业出版社，2024. 9. -- ISBN 978-7-121-48836-8

Ⅰ. G40-015

中国国家版本馆CIP数据核字第20242KK457号

责任编辑：胡乙凡　　文字编辑：魏　琛
印　　刷：三河市君旺印务有限公司
装　　订：三河市君旺印务有限公司
出版发行：电子工业出版社
　　　　　北京市海淀区万寿路173信箱　邮编　100036
开　　本：787×1 092　1/16　印张：9.25　字数：236.8千字
版　　次：2024年9月第1版
印　　次：2024年9月第1次印刷
定　　价：36.00元

凡所购买电子工业出版社图书有缺损问题，请向购买书店调换。若书店售缺，请与本社发行部联系，联系及邮购电话：(010) 88254888，88258888。
质量投诉请发邮件至 zlts@phei.com.cn，盗版侵权举报请发邮件至 dbqq@phei.com.cn。
本书咨询联系方式：(010) 88254489，youl@phei.com.cn。

前言

本书根据《中共中央 国务院关于全面加强新时代大中小学劳动教育的意见》《大中小学劳动教育指导纲要（试行）》编写而成。通过对本书的学习，学生应能充分理解劳动教育的内涵，有助于培养劳动观念，养成劳动习惯，培养劳动意识，端正劳动态度，增强劳动情感，增长劳动知识，提升劳动技能，提高劳动素养。本书有目的、有计划地组织学生参加劳动，让学生动手实践、出力流汗，接受锻炼、磨炼意志，培养学生正确的劳动价值观和良好劳动品质。

全书分为五个项目——生活技能、志愿劳动、农事体验、美食享用、技艺磨炼，内容包括活动目标、活动准备、活动步骤、活动感悟、活动链接、活动评价、活动拓展。本书从劳动知识、技能、思维、情感态度、价值观等多维目标出发，培养学生的思维能力、实践能力。

本书主要特点如下。

1．内容针对性强。本书专为中职学生量身定制，充分考虑到中职学生的学习特点和职业技能培养需求，旨在通过劳动教育实践提升其职业素养和实际操作能力。

2．逻辑呈现清晰。既考虑了创新的要求，又考虑了班级实际情况（能否实施及实施后的效果），还考虑了教师对材料的处理，全书体例清晰合理。

3．活动安排合理。全书活动设计既考虑了真实性要求，又考虑了学生已有的知识技能及本身具有的生活经验，具有较强的可操作性。

4．体系设计科学。教材内容循序渐进，设计本着多层面、有梯度的原则，符合学生的心理特征和认知规律。

5．互动性学习。鼓励学生对本书内容进行讨论和反馈，设计互动环节，增强学生的参与感和体验感。

本书由安应文、张轲担任主编，熊韬、孙国忠担任副主编。

由于编者水平有限，书中难免存在疏漏与不足，恳请专家与读者批评指正。

编　者

目录

项目一　生活技能 ·· 001

　　活动1　整理内务 ·· 002
　　活动2　制作饺子 ·· 011
　　活动3　护理衣物 ·· 020

项目二　志愿劳动 ·· 030

　　活动4　养护校园 ·· 031
　　活动5　尊老敬老 ·· 040
　　活动6　组织义卖 ·· 049

项目三　农事体验 ·· 058

　　活动7　初识耕作 ·· 059
　　活动8　饲养家禽 ·· 068
　　活动9　清理果园 ·· 077

项目四　美食享用 ·· 086

　　活动10　自制月饼 ··· 087
　　活动11　制作酸奶 ··· 097
　　活动12　点餐礼仪 ··· 106

项目五　技艺磨炼 ·· 115

　　活动13　体味陶艺 ··· 116
　　活动14　雕刻石材 ··· 125
　　活动15　直播营销 ··· 133

项目一

生活技能

活动 1　整理内务

活动 2　制作饺子

活动 3　护理衣物

活动 1　整理内务

🏆 活动目标

（1）营造干净、整洁、清新、明快、舒适、个性化的生活空间。
（2）体验劳动的愉悦感、成就感，培养团结协作的优良品质。
（3）以实际行动弘扬热爱劳动的美德。

📋 活动准备

1. 培训学习

（1）明确目标。

在教师的指导下，班干部、团干部对全班学生开展培训，明确劳动任务，掌握劳动技巧，感悟劳动意义。

内务整理方法举例

▲ 在进行整理工作时，安全永远是首要关注点。切勿站在窗台或栏杆上，身体也不应伸出窗外或栏杆外，以免发生意外。在整理高处物品时，如柜顶或上铺的物件，要特别小心，以防物品掉落伤人或自己不慎跌落。同时，擦拭电器和插座时，只能使用干毛巾，以防触电。对于玻璃器皿或尖锐的器具，需要更加小心谨慎，以防损坏或划伤。对于沉重的物品，建议两人或多人同时搬运，以确保安全。另外，在清洁地面时，请务必使用拖把将积水拖干，以防滑倒。

▲ 在整理物品时，应当进行分类，如服装类、洗漱类、床上用品类、劳动工具类等，然后按照类别进行摆放。参照学校的寝室内务管理要求，应当将脸盆、牙膏、牙刷等洗漱用具放置在卫生间或洗漱台上（或按照学校规定摆放），行李箱等应有序地集中摆放，衣服和生活用品则统一放在柜子里，被子也需要统一折叠并规范摆放。

▲ 为了保持环境的整洁和卫生，建议不要在柜顶和柜底放置任何杂物，这样可以方便进行清扫。同时，卫生间的墙面和地面也需要擦拭干净，保持其清洁和卫生。

▲ 当需要倾倒垃圾时，应当遵守垃圾分类的要求，将垃圾分类处置，以保护环境。

▲ 在整理完毕后，应进行检查，确保物品归位和环境的整洁。同时，还要养成良好的个人卫生习惯，如及时清理个人垃圾，不将食物长时间放置在寝室等。

▲ 最后，当需要倾倒废弃物品时，应当遵守垃圾分类的要求，将废弃物品分类处置，以保护环境。

▲ 良好的寝室环境不仅有益于学习和生活，也体现着个人素质。让大家共同致力于打造一个安全、整洁、和谐的生活空间。

（2）活动引入。

各班级可策划一场以"劳动者赞歌"为主题的诗歌朗诵活动，鼓励从网络搜寻或整合描绘辛勤劳作的古典诗词，如"锄禾日当午，汗滴禾下土。谁知盘中餐，粒粒皆辛苦""田家少闲月，五月人倍忙。夜来南风起，小麦覆陇黄"。同时，也欢迎原创诗歌，确保每位学生都能深情吟咏。此外，可举办"楷模故事分享会"，学生自行挑选劳模，讲述他们的事迹，以此深化对劳动价值的理解。

2. 联络沟通

班干部、团干部要事先联系生活管理教师，与生活管理教师沟通交流，汇报本次活动的目的、意义和方法，得到生活管理教师的同意、支持和帮助。

3. 人员分工

根据分组分工表（见表1-1）安排活动任务。

表1-1 寝室整理内务活动分组分工表

组织设置		工作内容	岗位设置	岗位职责
领导小组		由班长、团支书、安全委员、各寝室室长组成，推选出组长和副组长各一名。领导小组全面统筹寝室整理内务活动	组长：	起联系、协调作用，在活动中监督检查、把控进度等
			副组长：	协助组长管理，落实安全保障，监督各个工作小组推进任务
工作小组	策划协调组	负责策划本次活动，工作包括征求班主任、生活管理教师、劳动课教师、全班学生的意见和建议，联系和协调相关工作，设计预热活动方案、整理活动方案、宣传方案等。领导小组成员原则上要参与到本小组中	小组长：	小组长：负责落实本组工作内容执行、组员管理、组内分工、组间协调合作

组员：服从小组长管理，自觉遵守活动纪律，积极参与活动，在活动中团结协作 |
			组员：	
	寝室创意设计组	先开展每个寝室的调研，然后指导寝室长和成员提出各寝室具体的整理、布置或美化方案	小组长：	
			组员：	
	整理实施组	以寝室为单位划分实施小组，全班学生都分配到相应寝室，但男生、女生不得混合分配。原则上由寝室长担任小组长。不住校的学生根据自愿原则分到相应寝室	小组长：	
			组员：	
	后勤物资组	组织全体学生讨论，充分收集、整理意见和建议，根据各寝室学生的兴趣、爱好、性格和创意设计方案，统计需要采购的物资，包括吹塑纸、彩色卡纸、皱纹纸、窗花纸、布料、颜料等，同时决定是在实体店铺购买还是网购。经费从班费中支付，或各组员自愿出资。要注意节约，注重环保，尽量使用手工作品	小组长：	
			组员：	
	安全保障组	负责开展活动过程中的安全检查，及时发现、提醒、告诫、制止安全问题。提前与学校医务室取得联系，遇到学生受伤的情况，应及时报告医务室处置	小组长：	
			组员：	
	宣传编辑组	及时撰写宣传稿件，班级组织活动总结时进行介绍点评（特别要宣传那些表现突出的学生）。经过教师指导修改后，报学校广播站播出	小组长：	
			组员：	

4．安全事项

（1）组织学习安全管理规定。

（2）提前向学校管理部门报备《寝室整理内务活动方案》《寝室整理内务活动分组分工表》《寝室整理内务活动安全预案申报表》（见表1-2），进一步明确组织安排、人员分工、活动流程和安全责任。拟定《安全承诺书》，每位学生签字后留存备查。

表1-2　寝室整理内务活动安全预案申报表

申报班级		部门负责人（签字）	
活动内容		活动地点	
活动时间		参与学生	
带队教师			
寝室整理内务活动安全预案			
分管部门意见			
分管副校长意见			
校长意见			

（3）进行任务交代和安全培训，班干部或团干部应做好会议记录，以留存备查。

5．物资准备

（1）活动时应统一着装。

（2）准备好整理、清洁时所需物品和工具，以及装饰寝室所需材料。

（3）准备好摄影、摄像器材。

（4）准备好寝室整理内务活动必需的个人防护物资。

6. 场地准备

如果是在上课时间组织本次活动，应当事先联系生活管理教师，提前打开寝室，报告整理活动的具体时间、人员、活动内容等。

活动步骤

1. 清洁与整理

（1）活动开始时，学生在教室或操场整队，携带齐全的工具，等待指导。由教师或团支部领导进行动员讲话，明确纪律，强调安全要点。动员完毕，各班班干部引领学生队伍有序返回寝室，开始寝室整理内务活动。

（2）抵达寝室后，首要任务是对环境进行全面安全评估，确保电器运行正常，墙面无松动或脱落风险。发现隐患，应立即通知生活管理教师处理。

（3）各寝室室长担任小组负责人，引导组员进行讨论，根据实际情况制订详细的分工计划。

（4）遵循从上至下、从粗到细、从内到外的清洁原则，即先清理天花板和墙壁，再整理物品，最后是清扫地面。考虑到整理可能造成的垃圾，地面整理应安排在最后。在整理过程中，垃圾应及时归集。

（5）清洁卫生间时，需先湿润墙面和地面，喷洒清洁剂，待其充分作用后再进行刷洗。操作时，需佩戴口罩，确保安全，防止滑倒。

（6）擦拭门窗、家具及桌面时，需先检查有无破损或锐利物品。清洁过程中避免攀爬不稳固处，充分利用安全的清洁工具。电器和插座的擦拭必须在断电后进行，严禁使用湿布。

（7）整理生活用具与物品时，需按规范有序地放置在指定位置或储物柜内。劳动工具同样需妥善、有序地存放，确保寝室环境的安全与整洁。

2. 美观与展现

（1）在清洁和整理阶段结束后，应依据预先规划的艺术设计方案进行装饰工作。具备绘画才能的学生可专注于创作画作，擅长剪纸的学生承担剪纸艺术，而喜好折纸的学生可利用皱纹纸或彩色卡纸创作精致的装饰元素，以增强寝室的整体视觉效果。

（2）负责宣传的学生需精心捕捉寝室从整理前到整理后的转变，以及美化前后的对比瞬间，以视频和照片的形式分享到班级群。同时，他们还需密切关注在劳动过程中展现出卓越表现与事迹的个体。

（3）美化工作完成后，需保持拖把洁净且水分适中，由内至外彻底拖干净地面，以此作为本次寝室整理活动的收尾。

（4）在生活管理教师、劳动课教师及班主任验收合格后，方可进行队伍集合。由组长核实人数，全体成员整齐划一地返回教室。

3. 细数感动、反思精进——寝室整理内务活动主题班会

（1）表彰奖励。

由领导小组收集本次寝室整理内务的过程资料，协助劳动课教师、班主任评选出最佳设计奖、最佳组织奖、最佳制作奖三项个人奖，评选出最佳效果奖、最佳团队奖两项集体奖。

（2）评价反思。

分组制作寝室整理内务活动总结汇报材料（可选用 PPT 或其他直观的形式），其中包括本组活动概况、活动现场难忘瞬间、活动收获、活动感悟、活动反思五项内容。围绕本次活动，开展主题班会活动。

 活动感悟（见表 1-3）

表 1-3　细数感动——寝室整理内务活动感悟

我的付出	
我的收获	

劳动教育实践活动

续表

我的感悟	
活动剪影	（照片张贴处）

活动链接

劳动的概念

劳动是指人们改变劳动对象使之适合自己需要的有目的的活动，它是人类社会存在和发展的最基本条件，在人类社会发展过程中起了决定性作用。

人类的祖先经长期劳动实践，才变成能制造工具的人。劳动在不同的社会制度下具有不同的社会属性。在奴隶制度、封建制度和资本主义制度下，劳动者的劳动表现为奴隶劳动、农奴劳动和雇佣劳动，是不同性质的受剥削的劳动。在社会主义公有制下，劳动者成了国家和企业的主人，不再受剥削。在共产主义社会，劳动不仅是谋生的手段，而且将成为人们生活的第一需要。

在现代社会，劳动的意义与形式更显多元。科技进步推动了知识经济的发展，脑力劳动与体力劳动并重，创新成为劳动的新形态。劳动者不仅是生产者，也是创新者。学生是未来劳动力的生力军，理解劳动的价值至关重要，每一次实训，每一次汗水，都是向美好生活迈进的坚实步伐。

 最美劳动者

王 进 喜

王进喜是中国第一代钻井工人，是中国工人阶级的先锋战士、中国共产党人的楷模、中华民族的英雄。

1938年，年仅15岁的他进入玉门石油公司，与石油结下了最初的缘分。1950年，王进喜通过考试，成为第一代钻井工人，先后担任玉门石油管理局钻井队队长、大庆油田1205钻井队队长、大庆油田钻井指挥部副指挥。

面对中华人民共和国成立之初石油短缺的局面，王进喜以强烈的责任感，高昂的政治热情投入到为祖国找石油的工作之中。1958年9月，他带领钻井队创造了当时月钻井进尺的全国最高纪录，荣获"钢铁钻井队"的称号。1960年3月，他率队从玉门到大庆参加石油大会战，发扬"为国分忧，为民族争气"的爱国主义精神，为结束"洋油"时代而顽强拼搏。他组织全队职工把钻机化整为零，用"人拉肩扛"的方法搬运和安装钻机，奋战三天三夜把井架树立在荒原上。打第一口井时，为解决供水不足，王进喜带领工人破冰取水，"盆端桶提"运水保开钻。打第二口井时突然发生井喷，当时没有压井用的重晶石粉，王进喜决定用水泥代替；没有搅拌机，他不顾腿伤，带头跳进泥浆池里用身体搅拌，经全队工人奋战，终于制服井喷，被人们誉为"铁人"。由于长期积劳成疾，他身患胃癌，在病床上仍然关心着油田建设，直到生命最后一刻，病逝时年仅47岁。王进喜为我国石油工业的发展和社会主义建设作出了突出贡献，留下了宝贵的精神财富——铁人精神。他是第三届全国人大代表，被授予全国劳动模范等荣誉称号。

劳动教育实践活动

活动评价（见表1-4）

表1-4 反思精进——寝室整理内务活动评价表

担任职务			
责任分工			
评价项目	评价主体		
	自我评价	组长评价	对方评价
劳动意识			
吃苦耐劳			
团队合作			
沟通协调			
责任担当			
改进措施			

注：活动评价表的填写可为等级评价形式。其中，A：优秀；B：良好；C：合格；D：不合格。

活动拓展

结合本次活动的体验和经验，学生利用周末放假时间回家开展一次"我爱我家整理活动"，将视频或照片分享到班级群中，注意加上语音或文字解说。

活动 2　制作饺子

活动目标

（1）体验生活，感受父母的艰辛和不易，感恩父母。
（2）培养吃苦耐劳、无私奉献的劳动精神，培养团结协作的优良品质。
（3）珍惜和欣赏劳动成果，在劳动实践中努力学习和践行工匠精神。

活动准备

1. 培训学习

对全班开展思想教育工作，提高对生活劳动的认识，开展技术培训，指导学生掌握制作饺子的基本技能。

饺子馅的奥妙

▲ 口感均衡的饺子馅，荤素融合，营养丰富。过量的瘦肉会使馅料口感较柴，而肥肉太多则油腻，故理想的肉馅比例为肥瘦 3:7 或 4:6。

▲ 花椒水的融入，是提升馅料风味的秘诀。在制作过程中，适量的花椒水能有效去腥，赋予馅料独特的口感。需要注意，先放调料，然后加入花椒水，以确保馅料充分入味。也可尝试将蔬菜和肉一同剁碎，蔬菜汁不仅替代了水，而且具有丰富的维生素和淡淡的清香。

▲ 蚝油的使用，既锁住了水分，又提升鲜美味道。除了要放姜、葱、酱油、香油和盐，

适量添加蚝油也能显著提升馅料的鲜度，同时做出的馅料易于成形。

▲ 搅拌肉馅时，应持续同一方向，反复搅拌，如此能使肉馅成团，达到理想的饺子馅质地。

▲ 擀饺子皮时，要掌握好饺子皮的薄厚程度，过厚影响口感，过薄则饺子易破。和面时，面粉与水的比例通常为 2:1，还可以加入鸡蛋，增加饺子皮的韧性。醒面的过程不可省略，至少 20 分钟，让面团充分松弛，这样饺子皮才会柔软有弹性。

▲ 包饺子的手法也大有讲究。在饺子皮中放入适量的馅料后，将饺子皮对折，边缘捏紧，可以做出漂亮的褶皱。初学者可尝试"月牙形"或"金元宝形"的基本包法，熟练后可创新，如"菊花饺"或"锁边饺"，既美观又有趣。

煮饺子的窍门

▲ 在开始煮饺子时，可以在锅中放入适量的盐，盐能增加水的沸点，形成溶液膜，保护饺子皮，避免破裂。

▲ 当水开始翻腾、气泡涌现时，用勺子在锅底轻轻搅动。这样做可以让饺子避开锅底高温，防止产生焦痕。

▲ 观察饺子的状态，当它们从水底浮起，且饺子皮变得透明，馅料隐约可见时，即表示饺子熟了。注意，不同馅料的饺子煮熟时间可能有差异，肉馅的可能需要煮得久一些。

▲ 不要让水过于猛烈地沸腾，以免饺子皮破裂。水沸腾后，可以加入少量凉水，等水再次沸腾后再加凉水，这样重复三次，饺子就熟了。

▲ 捞饺子时使用漏网，轻轻捞起，避免用力过猛使饺子皮破裂。捞出后可迅速浸入凉水中，这样饺子会更爽滑，口感更佳。

2. 事前联络

联系学校相关部门，取得学校的同意，商定活动时间，落实制作饺子所需的材料、场所。如有可能，可邀请食堂师傅到现场指导。

3. 分组分工

根据分组分工表（见表 2-1）安排人员和任务。

表 2-1 制作饺子活动分组分工表

组织设置		工作内容	岗位设置	岗位职责
领导小组		由班长、团支书、安全委员等组成，推选出组长和副组长各一名。领导小组的作用是全面统筹制作饺子活动	组长：	负责活动中的监督检查、卫生质量把控等工作
			副组长：	协助组长管理，落实安全，监督工作小组执行工作内容
工作小组	策划协调组	负责与学校的主管部门进行工作报备及资格审批，负责活动项目的确定、联络、情况了解等工作，落实活动方案，负责其他各工作小组的人员分配、小组间人员的调配与协商	小组长：	小组长：负责落实本组工作内容的执行、组员管理、组内分工、组间协调合作

组员：服从组长管理，自觉遵守活动纪律，积极参与、团结协作 |
			组员：	
	后勤物资组	负责到学校后勤处领取制作饺子所需要的原材料并分发，安排人员做好前期准备工作（洗菜、切菜、剁馅、拌馅）、场地布置、活动结束后的清理工作等	小组长：	
			组员：	
	安全保障组	拟定《安全承诺书》，组织全班培训，做到安全事项人人知晓。负责活动过程中的安全隐患排查及监督	小组长：	
			组员：	
	宣传编辑组	负责活动宣传方案的拟定，负责活动中的摄影、摄像及宣传资料收集，负责活动后期的对外宣传工作等	小组长：	
			组员：	

4. 安全事项

（1）组织学习学校安全管理部门的规定。

（2）提前向学校管理部门报备《制作饺子活动方案》《制作饺子活动分组分工表》《制作饺子活动安全预案申报表》（见表2-2），进一步明确组织安排、人员分工、活动流程和安全责任。拟定《安全承诺书》，每位学生签字后留存备查。

表 2-2　制作饺子活动安全预案申报表

申报班级		部门负责人（签字）	
活动内容		活动地点	
活动时间		参与学生	
带队教师			
制作饺子活动安全预案			
分管部门意见			
分管副校长意见			
校长意见			

（3）进行任务交代和安全培训，班干部或团干部应做好会议记录，以留存备查。

5. 物资准备

（1）面粉、肉、韭菜、白菜、香菇、鸡蛋、肉皮、小葱、姜、大蒜、盐、胡椒、花椒、蚝油、白糖、醋、生抽、红油辣椒。事先列好物品清单，从食堂领取，如果食堂没有，应由学生代表到超市采购。凡是需要清洗的食材，一律在食堂内清洗干净后再运到实训室。

（2）擀面杖、面板、保鲜膜、一次性手套。

（3）不住校的学生可以从家里带锅、盆、菜板、菜刀、电磁炉。

（4）学生带上自己的餐具，给教师准备一次性餐具。

（5）摄影、摄像器材。

（6）活动必需的个人防护物资（云南白药、酒精、创可贴）。

（7）小奖品（学生自己制作的手工创意小作品）。

6. 场地准备

活动场地安排在实训室。由学生将桌面上的书本清理干净，在桌面上铺上一次性餐桌薄膜。最后检查教室里的多媒体设备是否能正常使用。

活动步骤

1. 边学边做

（1）精心布置操作台，确保电磁炉、炊具、厨具能够正常使用，将锅、瓢、盆、砧板和刀具等备齐，以待使用。

（2）全班集体观赏制作饺子的视频教程，此教程将在活动期间持续循环播放，以供反复研习。

（3）为本次活动准备五款不同馅料的饺子：韭菜鲜肉、鸡蛋鲜肉、香菇鲜肉、白菜鲜肉以及灌汤鲜肉饺子。

（4）活动前后，所有餐具、砧板和刀具务必洗净，并完成手部清洁。

（5）在教师的引领下，分工合作，进行切菜、剁肉、和面、擀皮和调配馅料等环节。如有可能，可邀请食堂师傅现场指导。

（6）全班学生分为五组，每组负责制作一种口味的饺子。班主任及劳动课教师将全程在场指导。每位学生将品尝到各种口味的饺子，可向组长申请多吃，但要避免浪费。剩余的饺子将送回食堂，供其他班级的学生享用。

（7）师生共同品尝完饺子后，全班学生将对五种口味的饺子进行投票，票数最多的饺子对应的小组将获得最高荣誉。

（8）评选出"创新之星"（创意最多的）、"技艺之星"（包饺子技术最佳的）、"卫生之星"（卫生工作最出色的）、"纪律之星"（最守纪律的）、"安全之星"（安全意识最强的）、"奉献之星"（最具奉献精神的）及"协作之星"（团队协作能力最强的）。班主任和劳动课教师将为获奖者颁发奖品，奖品为学生亲手制作的创新工艺品。

（9）负责宣传的学生需捕捉活动中的精彩时刻，活动结束后，师生共同拍摄集体照，并将活动情况分享到班级群，传播劳动的喜悦与成就感。

2. 场地整理

（1）按事先分工，分头清洗餐具、用具，做好实训室清洁卫生工作。

（2）到食堂归还剩余食材、调料等，当面感谢食堂师傅。

（3）请领导小组的班干部向提供电磁炉、锅等用具的家长发送活动照片、视频，同时感谢他们的支持。

3. 细数感动、反思精进——制作饺子活动主题班会

（1）分组整理制作饺子活动的总结汇报材料（可选用 PPT 或其他直观的形式），其中包括本组活动概况、活动现场难忘瞬间、活动收获、活动感悟、活动反思五项内容。围绕本次活动，在教室里开展主题班会活动。要注意体会做饭的烦琐和劳累，体会父母和食堂师傅的辛苦与不易，要热爱劳动，珍惜他人的劳动成果。

（2）评价与反思。分组展开讨论，组长代表本组进行自评，指出优点及不足，提出改进措施。

（3）班主任对本次制作饺子活动进行总体评价。

活动感悟（见表 2-3）

表 2-3　细数感动——制作饺子活动感悟

我的付出	
我的收获	

续表

我的感悟	
活动剪影	（照片张贴处）

 活动链接

认识劳动价值，正确对待劳动

劳动，作为社会历史的根基，不仅是人类从自然界中脱颖而出的决定性力量，更是塑造现代社会的关键因素。劳动是人类社会经济活动的基础，它赋予物品价值，也塑造了人类自身。

应当以敬仰之心对待劳动，因为它不仅是生活之源，更是精神之本。每一次科技进步，每一座城市崛起，每一份幸福生活的背后，都离不开无数劳动者默默的付出。例如，程序员们以代码编织梦想，农民以汗水滋养希望，医护人员以爱心守护生命，他们都是劳动的崇高代表，值得深深尊重。

劳动的尊严不容亵渎，劳动的成果应被珍视。社会的繁荣，国家的强盛，无不源于劳动者的智慧和汗水。那些企图不劳而获的人，只会受到社会的谴责。而那些无论在何种岗位上，都能坚守职责，辛勤付出的劳动者，他们的贡献应被铭记，他们的精神应被传承。

劳动教育实践活动

 最美劳动者

袁 隆 平

他是一位地地道道的农民，拥有质朴无华的心灵和坚韧不拔的毅力。每天，他都会来到那片熟悉的稻田，蹲下身子，细致入微地观察每一株稻穗的生长情况。在这片土地上，他倾注了毕生的心血，致力于一项伟大的事业——杂交水稻的研究与发展。他的目标很明确，也很朴素，那就是通过科学的力量，提高粮食产量，让中国人民乃至全世界人民都能吃饱饭。

袁隆平，这个名字如今已经与"杂交水稻之父"紧密相连，成了中国农业科技的标志性人物。1953年，他踏入了湖南安江农校的大门，开始了他的教学生涯。作为新中国培养的第一代服务农业的大学生，他深知自己肩负的使命和责任。他深知，在那个年代，粮食短缺是困扰着每一个中国人的大问题。

在接下来的岁月里，袁隆平带领着他的研究团队，经历了无数次的试验和失败，终于成功地培育出了杂交水稻。这一成果不仅大大提高了粮食的产量，还极大地改善了人们的生活质量。然而，袁隆平并没有因此而满足，他继续深入研究，不断探索新的领域和方法，为中国的农业科技事业作出了巨大的贡献。

2019年9月17日，袁隆平被授予了"共和国勋章"，这是对他一生努力和贡献的最高肯定。2021年5月22日，袁隆平在湖南长沙逝世，但杂交水稻已经在中国乃至全世界范围内得到了广泛的推广和应用。袁隆平的研究成果不仅造福了中国人民，也为全球粮食安全作出了重要的贡献。他的故事将永远激励着后来者不断前行、不断探索、不断追求更加美好的未来。

📋 活动评价（见表 2-4）

表 2-4 反思精进——制作饺子活动评价表

担任职务				
责任分工				
评价项目	评价主体			
	自我评价	组长评价		对方评价
劳动意识				
吃苦耐劳				
团队合作				
沟通协调				
责任担当				
改进措施				

注：活动评价表的填写可为等级评价形式。其中，A：优秀；B：良好；C：合格；D：不合格。

✏️ 活动拓展

小小大厨做美食——我为家人做晚餐。回到家里，自己买菜、洗菜，为家人做一次晚餐。可以学做热菜，如煎荷包蛋、番茄炒蛋；也可以学做凉菜，如凉拌黄瓜、凉拌茄子。会做的同学，可以自己独立完成；不会做的同学，可以请教家人后完成。

请记得拍摄视频，并分享到班级群中。

活动 3　护理衣物

活动目标

（1）锻炼动手、动脑和运用空间思维的能力，搭建发现美、创造美、展示美的平台。
（2）培养严谨认真的生活习惯，培养吃苦耐劳、团结协作的意识和创新意识。
（3）弘扬热爱劳动的优良品德。

活动准备

1. 培训学习

组织全班学生参加培训，提高思想认识，端正劳动态度，学习日常衣物护理的劳动技巧，开展基础的洗衣、叠衣劳动，培养热爱劳动、讲究卫生的习惯。如有条件，可请服装专业教师或服装陈列师到校培训并现场指导。

衣物洗涤技巧

▲ 在洗涤前，衣物可先用洗衣精华液或高效洗衣粉浸泡约 10 分钟，使清洁剂的去污成分充分渗透顽固污渍，随后进行快速机洗，既能实现节水节电，又能确保衣物洁净。

▲ 洗涤白色衣物时，应先对明显污渍使用专用肥皂细致搓洗，彻底去除污渍后再整体洗涤。

▲ 推荐使用洗衣液进行洗涤，因其碱性低、配方温和、泡沫少和易冲洗的特性，能有

效减少漂洗次数,实现省水节电。

衣物分类叠放技巧举例

▲ T恤:将T恤平铺在桌面上,从底部三分之一处向上折叠一次,再将两侧袖子向中间对折,最后将衣服底部向上翻折至领口下方即可。

▲ 衬衫:衬衫建议采用"法式折叠法"。首先将衬衫平铺,扣子扣好,然后从背部中间向两侧折叠袖子,使其平贴于胸前,接着将衬衫下半部分向上折叠至领口下方,最后将衬衫对折或卷起来存放,以减少皱褶。

▲ 裤子:将裤子对折,确保裤腰与裤脚对齐,然后从中间向两侧折叠裤腿,使其形成一个紧凑的长方形。为了节省空间,可以将多条裤子叠放在一起。

▲ 裙子:对于短裙,可直接对折后平放或卷起;长裙则可以先对折,再将上半部分向下折叠,最后沿着裙摆边缘卷起,形成一个圆筒状,既节省空间又不易变形。

▲ 毛衣:毛衣因材质特殊,容易变形,叠放时应尽量保持平整。将毛衣平铺在桌面上,两袖向内折叠,然后从下往上对折两次,最后将毛衣放入抽屉或衣柜的隔层中,避免重物挤压。

▲ 秋冬外套:厚重的外套(如大衣、羽绒服)不建议叠放,以免影响保暖效果。最好使用衣架悬挂,或者购买专用的外套收纳袋进行存放。如果非要叠放,也应尽量保持其原有的形状,避免折叠多层。

2. 事前联络

由班干部或团干部事先联系相关教师,取得教师同意,商定活动时间、内容。要了解每个学生寝室需洗涤衣物的数量、颜色及面料种类,便于准备相应的洗涤用品。

3. 分组分工

根据分组分工表(见表3-1)安排人员和工作。

表 3-1 护理衣物活动分组分工表

组织设置	工作内容	岗位设置	岗位职责
领导小组	由班长、团支书、安全委员、各寝室室长组成，推选出组长和副组长各一名。领导小组全面统筹护理衣物活动工作	组长：	负责活动中的指导、监督检查、协调等工作
		副组长：	协助组长管理，落实安全保障，监督工作小组推进任务
工作小组	策划协调组：负责策划本次活动，包括征求班主任、生活教师、劳动课教师、全班学生的意见和建议，以及联系、协调、设计活动方案等	小组长：	小组长：负责落实本组工作内容执行、组员管理、组内分工、组间协调合作 组员：服从组长管理，自觉遵守活动纪律，积极参与、团结协作
		组员：	
	洗衣、叠衣实施组：以寝室为单位划分实施小组，全班学生都要编入实施小组，但男生、女生不可混合分配。原则上由寝室长担任小组长。不住校的学生根据自愿原则分到各小组	小组长：	
		组员：	
	后勤物资组：事先调查需要多少洗涤剂、肥皂等，用班费出资购买。也可以征得学校同意后到相关部门领取	小组长：	
		组员：	
	安全保障组：负责开展活动过程中的安全检查，及时发现、提醒、告诫、制止安全隐患	小组长：	
		组员：	
	宣传编辑组：及时撰写宣传稿件，活动结束后进行介绍点评，着重宣传表现突出的人员，经过教师指导修改后，报学校广播站播出	小组长：	
		组员：	

4. 安全事项

（1）组织学习学校安全部门的规定。

（2）提前向学校管理部门报备《护理衣物活动方案》《护理衣物活动分组分工表》《护理衣物活动安全预案申报表》（见表 3-2），进一步明确组织安排、人员分工、活动流程和安全责任。拟定《安全承诺书》，每位学生签字后留存备查。

（3）交代任务并进行安全培训，班干部或团干部要做好会议记录，以留存备查。

表 3-2　护理衣物活动安全预案申报表

申报班级		部门负责人（签字）	
活动内容		活动地点	
活动时间		参与学生	
带队教师			
护理衣物活动安全预案			
分管部门意见			
分管副校长意见			
校长意见			

5. 物资准备

（1）准备洗衣液、肥皂等洗涤用品。

（2）清理需要洗涤的衣物。

（3）准备摄影、摄像器材。

（4）准备适当的个人防护物资（如酒精、创可贴）。

（5）温馨提示：酒精不能和其他洗涤用品混用，请妥善保管。如果不小心把手弄伤，需要用酒精消毒时，必须把手上的洗涤剂用流动清水清洗干净、擦干，再用酒精消毒。酒精和洗涤用品一定要分开存放，以免误用。

6．场地准备

活动场地安排在学生寝室。活动前应与生活教师沟通，确定具体实施时间、活动方式和内容，如果在上课时间进行活动，请生活教师提前打开寝室门。

 活动步骤

1．洗衣活动

（1）在校内集中活动时，先确认全员出席，依据寝室划分小组，原则上由寝室长担任小组长。不住校生根据自愿原则分到各小组，共同参与活动。活动启动前，各组小组长务必重申安全规范。

（2）各组小组长领取洗涤用品，如洗衣液、肥皂、洗衣粉等，随后引领团队返回生活区开始实施任务。衣物需依据色彩和材质预先分类。

（3）清洗白色衣物时，需先检查并预处理明显污渍区，再进行整体洗涤。其他衣物则可选用洗衣液。对于彩色纯棉衣物，避免使用肥皂。

（4）漂洗阶段，遵循从浅至深的顺序，同时内衣与外衣必须分开进行。

（5）晾晒时，平整衣物并用衣架挂起，确保舒展无褶皱，这样衣物晾干后整洁垂顺。

2．叠衣活动

（1）将衣柜、箱子里的衣服全部取出来，分类摆放。

（2）每位学生至少折叠两件衣服，按照示例所示方法进行折叠后拍照。

折叠示例一如图 3-1 所示。

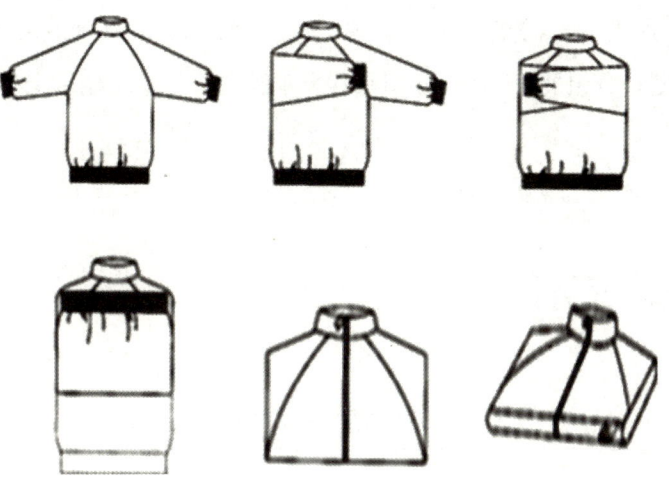

图 3-1 折叠示例一

折叠示例二如图 3-2 所示。

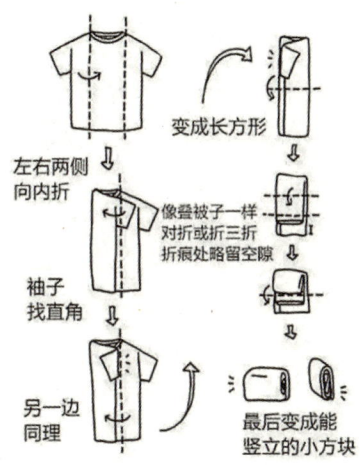

图 3-2 折叠示例二

(3) 将折叠好的衣服分类放入衣橱。立体折叠的衣服可以放到床上，展现出个性化的寝室布置。

(4) 对洗衣、晾晒、折叠过程，以及折叠好的衣物陈列在衣橱里面的效果，进行拍照、录像，在班会时分享交流。

3. 细数感动、反思精进——护理衣物活动主题班会

(1) 总结分享。请分组制作护理衣物活动总结汇报材料（可选用 PPT 或其他直观的形式），其中包括本组工作概况、活动现场难忘瞬间、活动收获、活动感悟、活动反思五项内容。围绕本次活动，组织开展主题班会活动。由小组长依次汇报护理衣物活动体会，配合

劳动教育实践活动

照片、视频进行讲解,分享劳动成果和喜悦。通过班级群,将活动成果分享给家长。

(2)反思改进。分组展开讨论,小组长代表本组进行自评,指出活动中的不足并提出改进措施。

(3)班主任对本次衣物护理活动进行总体评价。

活动感悟(见表3-3)

表3-3 细数感动——护理衣物活动感悟

我的付出	
我的收获	
我的感悟	
活动剪影	(照片张贴处)

活动链接

劳动教育的意义

广大青年人,作为社会的活力源泉,应坚定树立对劳动的崇高敬意。这不仅意味着视劳动为人生价值的体现,更需内化为对平凡岗位的尊重与热爱。劳动精神的培育,不仅是倡导勤俭节约的生活态度,更是激发勇往直前的奋斗意志,培养敢为人先的创新意识,以及弘扬无私奉献的人生态度。在此基础上，需要提升自我，逐渐掌握满足生活和未来发展所需的劳动技能，形成定期参与劳动、乐于劳动的习惯。

　　劳动教育的实质，是塑造人格，培养对社会有贡献的公民。它要求学生对劳动人民产生共鸣，理解他们的付出，尊重他们的成就。这种情感的培育，将促使青年人以实际行动回馈社会，为国家的繁荣昌盛贡献力量，实现自我价值的同时，也推动社会的进步。劳动，不仅是生存的手段，更是实现个人理想和社会理想的桥梁。

劳动教育实践活动

 最美劳动者

蔡月英

在黎明的第一缕曙光中,当城市还未从沉睡中醒来,环卫工人已经整装待发,用他们的勤劳和汗水,为这座城市铺设了一条条整洁的道路。蔡月英,这位荣获多项殊荣的环卫组长,正是这群无名英雄中的杰出代表。

蔡月英不仅是福建省劳动模范,还在 2021 年度获得了"全国三八红旗手"的荣誉。这一荣誉,是全国妇联对中国优秀女性的最高表彰,肯定了蔡月英在环卫工作中所展现出无私奉献的精神。她以一名普通环卫工人的身份,用实际行动诠释了什么是真正的"巾帼不让须眉"。

自 2004 年走上环卫岗位以来,蔡月英已经坚守了整整 18 个年头。无论是寒冬酷暑,还是刮风下雨,她都始终坚守在工作一线,这份对工作的热爱与执着,不仅赢得了市民的尊敬和感激,更让她成为同事们学习的榜样。在环卫工作中,蔡月英也面临着诸多挑战和困难。长期弯腰扫地导致她的腰部受伤,但她却从未因此而退缩或放弃。即使在被诊断为腰椎间盘突出后,她也依然坚持"轻伤不下火线",绑上护腰继续坚守在岗位上。她的这种坚韧不拔的精神和无私奉献的品质,深深地感染着身边的每一个人。

荣获"全国三八红旗手"的荣誉对于蔡月英来说既是一份肯定也是一份激励,她希望通过自己的努力和付出,让更多人关注和支持环卫工作,大家共同营造更加美好的城市环境。

📋 活动评价（见表 3-4）

表 3-4　反思精进——护理衣物活动评价表

担任职务			
责任分工			
评价项目	评价主体		
	自我评价	组长评价	对方评价
劳动意识			
吃苦耐劳			
团队合作			
沟通协调			
责任担当			
改进措施			

注：活动评价表的填写可为等级评价形式。例如，A：优秀；B：良好；C：合格；D：不合格。

✏️ 活动拓展

根据本次护理衣物活动体验，在放假回家征得家长同意后，在家中开展一次洗衣、叠衣行动，并将过程和成果分享到班级群中，同时附上自己撰写的不少于 600 字的感悟文章。

项目二

志愿劳动

活动 4　养护校园

活动 5　尊老敬老

活动 6　组织义卖

活动 4　养护校园

活动目标

（1）培养学生勤动手、能吃苦、甘奉献、乐互助的劳动精神。
（2）懂得尊重园丁、环卫人员的劳动成果，增强服务意识。
（3）增强爱护校园意识、志愿服务意识及生态环保意识。

活动准备

1. 培训学习

组织学生学习植物养护的相关知识和技能，提高思想认识，明确注意事项。加强思想引领，帮助学生端正劳动态度，明晰养护校园人人有责、人人参与的重要性。

养护校园活动提醒

▲ 树立安全意识

在进行园艺活动时，首要原则便是安全至上。在操作小铲、镰刀等工具时，务必谨慎，确保自身与他人的安全，避免意外伤害。如遇草丛中隐藏电线或电力设施，务必先切断电源，防止电击事故。在复杂险要的区域活动时，应结伴而行，避免单独行动，遵循团队安排，不急躁，不轻率。

▲ 除草技巧

除草，关键在于精准识别和彻底处理。正确辨识杂草，确保连根拔除，尤其是草坪内的顽固杂草，需借助工具彻底清除，同时要确保不损伤周围的花草，保持景观的完整。

▲ 浇水技巧

浇水的技巧因植物特性与生长阶段而异。一般来说，草本花卉需水量较大，而木本花卉则需适度控制水分。蕨类和兰科植物在生长期对水分的需求较高，而多浆类植物则相对耐旱。

植物的生长周期不同所需的水分也不同，休眠期应减少水分，生长期应逐渐增加水分，旺盛生长期则需保证充足水分。

此外，也需考虑季节变化，华北地区春夏干燥，需频繁浇水，夏秋交接虽高温，但降雨多，不需大量浇水。

▲ 浇水时间

浇水的时机，应首先避免在阳光直射时进行。

夏季宜选择早晨或傍晚，以防止高温时段土壤温度剧变影响植物根部。

冬季，无冻土区应在中午时分浇水，避免早晚低温引发冻害；在有冻土的地区，应在土壤冻结前充分浇水，解冻初期也需充足浇灌，以利于植物的生长复苏。

2. 调查研究

联系学校行政、后勤部门并实地考察走访学校各个区域，确定如下几点。

（1）实地走访考察学校各个区域，找到校园中杂草多、枯枝败叶多、花卉植被集中的区域，确定除草、浇水范围。

（2）用手机下载识别植物的软件，识别校园中植物的种类并统计分析，根据植物的品种、特点确定浇灌时间、浇灌水量。

3. 分组分工

根据分组分工表（见表 4-1）部署安排工作。

表 4-1　养护校园活动分组分工表

组织设置		工作内容	岗位设置	岗位职责
领导小组		全面统筹养护校园活动	组长：	负责活动中的总体组织协调、统筹安排、监督检查、进度把控等
			副组长：	协助组长管理，负责与校内各部门对接协调、物资准备、安全保障、宣传评比等工作
工作小组	组织策划组	负责与学校相关部门联系，进行工作报备及资格审批；做好前期调查工作，确定除草范围；根据学校花草树木品种，确定浇灌时间和浇灌水量；负责其他各工作小组的人员分配、组间人员的调配	小组长：	小组长：负责落实本组工作内容执行、组员管理、组内分工、组间协调合作 组员：服从组长管理，自觉遵守活动纪律，积极参与，团结协作
			组员：	
	后勤物资组	负责采购或租用物品，如垃圾袋、手套、小锄头、镰刀等；负责物资管理、分发；负责物资回收、清理等收尾工作	小组长：	
			组员：	
	宣传编辑组	负责活动宣传方案的拟定，宣传报的设计及制作，活动后期的对外宣传工作等	小组长：	
			组员：	
	监督评比组	对各区域的除草拾叶成果进行评比，并选出前三名；对浇灌成果进行评比，选出前三名；对各组拍摄的照片进行评比，选出最美校园植物照片（监督评比组人员由教师代表、学生代表共同组成，评比方式亦可采取组员投票与网络投票相结合的方式）	小组长：	
			组员：	
	仪式筹备组	组织筹备安排活动启动仪式，预先策划启动仪式流程；起草相关讲话稿、宣誓词及演讲稿；准备启动仪式节目表演；邀请相关嘉宾、领导，有条件的活动可邀请相关环保志愿者、各级劳动模范	小组长：	
			组员：	
活动小组	除草拾叶组（若干）	根据学校除草拾叶的范围，合理分工，完成除杂草，拾枯叶工作。在劳动过程中，欣赏花草之美，并拍摄照片	小组长：	
			组员：	
	浇灌养护组（若干）	按照浇灌标准，浇灌校园内花草树木。在劳动过程中，欣赏花草之美，并拍摄照片	小组长：	
			组员：	

注：组织策划组、后勤物资组、宣传编辑组等工作小组人员，亦可加入除草拾叶组、浇灌养护组。

4. 安全事项

根据学校课堂活动审批流程提前向学校主管领导及安全保卫部门上报课外活动安全预案；拟定《安全承诺书》并明确安全责任，对学生进行安全教育培训。

（1）设计安全预案，填写《养护校园活动安全预案申报表》（见表4-2）。

表4-2　养护校园活动安全预案申报表

申报班级		部门负责人（签字）	
活动内容		活动地点	
活动时间		参与学生	
带队教师			
养护校园活动安全预案			
分管部门意见			
分管副校长意见			
校长意见			

（2）开展一次全体安全培训会议，做好会议记录并留存。

5. 区域划分及路线规划

根据前期对活动区域的调研结果、对志愿者人员情况的调研结果等，划分各个专属的活动开展区域，规划活动路线，提前组织各活动小组负责人现场勘察、熟悉区域及路线。

6. 物资准备

（1）垃圾袋、长夹子等垃圾清理工具。

（2）小锄头、小镰刀、除草剂等除草用具。

（3）塑料水管、水箱、花洒等浇水用具。

（4）制作志愿者活动宣传横幅。

（5）制作启动仪式主会场大喷绘、横幅等宣传品。

（6）各活动小组、队伍可自我设计个性化旗帜。

活动步骤

1. 精心组织与细致落实

（1）活动开始前在操场集合，清点好人数并检查仪容仪表。

（2）启动仪式（可参考如下流程及安排）。

① 邀请劳模或环保志愿者进行事迹分享。

② 志愿者代表进行主题演讲。

③ 授旗仪式。

④ 全体志愿者宣誓。

> **宣誓词（参考）**
>
> 绿水青山，就是金山银山；
> 五彩缤纷，方为美丽校园；
> 我们愿做校园环保小卫士；
> 爱护每一片叶、每一朵花、每一棵草；
> 浇灌每一份年轻的梦想；
> 从小事做起，从身边事做起；
> 以青春之我们的名义，共创青春之美丽校园；
> 以青春之我们的双手，共筑青春之和谐家园。

（3）负责人介绍活动安排，再次强调安全注意事项。

（4）各组小组长带领各组志愿者分别到达本组的指定活动位置，开始活动。

劳动教育实践活动

① 除草拾叶组合理分工，着手除草和拾叶工作，力求把杂草连根清除，把枯枝残叶拾拣干净。

② 浇灌养护组合理分工，借助水管浇灌草坪、大树；借助水箱、花洒浇灌盆栽、花坛。

③ 各组安排一到两名组员负责拍照、摄影，在劳动中发现美、捕捉美，并拍摄植物照片。

（5）做收尾整理工作。

① 做好垃圾处理工作，把杂草和枯枝残叶装入垃圾袋。

② 做好工具整理工作，清洗工具并归还原位。

2. 细数感动、反思精进——养护校园活动主题班会

（1）由各组小组长分享活动心得，回忆劳动时光。

（2）评价反思。

① 小组长代表本组进行自评，总结活动中的优点和不足，并提出改进措施。

② 其他小组依次对自评小组进行评价，总结优点和不足，并提出改进建议。

（3）班主任对本次养护校园活动进行总结评价，并宣传爱校如家、保护环境的理念。

（4）对活动中的摄影、摄像作品进行评比、表彰。

（5）由学生自行填写活动感悟。

活动感悟（见表4-3）

表4-3 细数感动——养护校园活动感悟

我的付出	
我的收获	
我的感悟	

续表

活动剪影	（照片张贴处）

📝 活动链接

劳模和劳模精神

"劳模"，全称劳动模范，是在社会主义建设事业中树立卓越成就或做出重大贡献的杰出人士所授予的崇高荣誉。

劳模精神，是在平凡岗位铸就不凡功绩时，劳动者所秉持的爱岗敬业、争创一流、艰苦奋斗、勇于创新、淡泊名利、无私奉献的高尚情操。

获得"最美奋斗者"荣誉的杨怀远，以一颗螺丝钉的精神，几十年如一日地为旅客服务，他的事迹激励了无数人。又如，科学家袁隆平，他以不懈的探索和创新，解决了亿万人的粮食问题，堪称科研领域的劳模典范。这些劳模们，他们面对困难坚韧不拔，对工作精益求精，以淡泊名利的态度，无私地为社会贡献力量，这种精神是全社会的宝贵财富。

习近平总书记指出："劳模精神、劳动精神、工匠精神是以爱国主义为核心的民族精神和以改革创新为核心的时代精神的生动体现，是鼓舞全党全国各族人民风雨无阻、勇敢前进的强大精神动力。"

最美劳动者

李 高 峰

李高峰，河南在京志愿者组织创立者，获"北京好人""全国劳动模范"等荣誉。

2001年，李高峰来到北京，住在甘露园一带，地处城乡接合部，人员繁杂。附近的二道沟河成了居民的垃圾场，生活垃圾遍布，岸边堆积成山。炎热夏季，蚊蝇肆虐，臭不可闻，加上河道堵塞，雨水无法及时排出，周边居民苦不堪言。为此，他自行购买工具，自发清理垃圾。李高峰的志愿服务之路也由此而始。持续几年之后，河道畅通了，河水清澈了，居民脸上的笑容也多了。

之后，李高峰的公益涉及面就更广了。同为来京务工人员，他深知其中的艰辛，向朋友借款上万元给那些外地来京务工人员提供免费宿舍，积极发动自己身边的社会关系给他们安排就业。在甘露园地区居住期间，他先后抓获28名犯罪分子送到公安执法机构，此外他还抽出时间参与义务巡逻。2007年，在他来京的第7个年头，他组建了"河南在京环保志愿者服务队"。到了2008年，志愿队伍发展壮大到700多人。除了在京的河南人，还有各个省份的100余名志愿者，他们看到"河南在京环保志愿者服务队"活动后，自愿地加入李高峰的志愿者团队。

自2001年起，李高峰一直致力于志愿者服务。这不是一年两年，而是长达近二十年。几十年如一日，他用行动表明自己永远是志愿服务路上的行路人。

活动评价（见表4-4）

表4-4　反思精进——养护校园活动评价表

担任职务			
责任分工			
评价项目	评价主体		
	自我评价	组长评价	对方评价
劳动意识			
吃苦耐劳			
团队合作			
沟通协调			
责任担当			
改进措施			

注：活动评价表的填写可为等级评价形式。其中，A：优秀；B：良好；C：合格；D：不合格。

活动拓展

根据本次养护校园活动的体验，设计并开展一次"社区爱绿志愿者服务活动"。

活动 5　尊老敬老

🏆 活动目标

（1）培养吃苦耐劳、无私奉献的劳动精神，形成乐于助人的优良品质。

（2）了解劳模精神的时代内涵，在劳动实践中努力学习和践行劳模精神。

（3）以实际行动传承尊老、敬老、助老的美德。

📋 活动准备

1. 培训学习

（1）组织全体志愿者开展培训，提高思想认识，端正态度，学习技巧，领悟志愿服务的意义。

尊老敬老的基本原则

▲ 首要原则是确保安全。对于特殊健康状况的老人，如糖尿病患者需遵循低糖饮食，肾病和高血压患者需限制盐分摄入。在提供食物时务必谨慎。协助老人行动时，务必留意地面状况，正确扶持以防止老人滑倒。操作轮椅时，确保其稳定性，避免急促动作，双手始终握住扶手。

▲ 与老人交往应展现出亲切和尊重。始终保持微笑，用温和的语气交谈，耐心倾听，即使他们反复讲述同一件事。避免让老人抬头或远距离对话，以平视和近距离接触传达平等与尊重。语速适中，对听力不佳的老人需提高音量，并通过观察其表情和反应来理解他

们的需求。

▲ 记忆衰退是老人常见的现象，因此，避免提问可能引发尴尬的问题，如"你还记得我吗？"更适宜以"我又来看您了！"这样的表述，让长者感受到重视。保持眼神接触，稳定而专注。适时的肢体接触，如握手，能增进亲近感。

▲ 选择老人感兴趣的话题，如故乡、家庭、旧时光或流行文化等。先分享自己的故事，赢得信任后再展开更多对话。老人如同孩子，欣赏真诚的赞美，这能激发他们的喜悦，活跃交谈氛围。

▲ 面对情绪波动，以安慰而非劝说为先，轻轻拍抚他们的手或肩膀，然后迅速转移话题。在打理他们的居住环境时，尊重其空间，清洁后尽可能恢复原状，以维护他们的习惯和舒适感。

（2）组织学习《中国青年志愿者之歌》。

歌词：伸出你的手，初次相识却已是朋友

放飞和平鸽，蓝天大地响彻我的问候

我们是青年志愿者，用奉献共创温馨家园

我们是青年志愿者，用爱心把旗帜铸就

青春似火，青春闪光，青春无悔，青春不朽，青年志愿者

挽起你的手，风雨同舟并肩向前走

放歌新时代，五湖四海建设新神州

我们是青年志愿者，用真情迎接美好明天

我们是青年志愿者，用热血来书写春秋

青春似火，青春闪光，青春无悔，青春不朽，青年志愿者

青—年—志—愿—者

2. 事前联络

联系敬老院，取得院方信任，确定服务时间，了解服务对象（如年龄、教育程度、男女比例、喜好和禁忌等）。

3. 分组分工

根据分组分工表（见表5-1）部署安排工作。

表 5-1 尊老敬老活动分组分工表

组织设置		工作内容	岗位设置	岗位职责
领导小组		全面统筹尊老敬老活动	组长：	负责在活动中监督检查、进度把控等
			副组长：	落实安全保障，协助组长管理，监督工作小组推进任务
工作小组	策划协调组	负责与学校志愿者主管部门进行工作报备及资格审批；负责服务对象的确定、联络、情况了解等工作；根据对方需求结合班级特色、专业特色确定服务内容，落实服务方案；负责其他各工作小组的人员分配、组间人员的调配与协商	小组长：	小组长：负责落实本组工作内容，进行组员管理、组内分工、组间协调合作

组员：服从组长管理，自觉遵守活动纪律，积极参与，团结协作 |
			组员：	
	节目筹备组	根据服务对象的喜好准备节目会演；设计并组织与老人的互动活动，并负责具体实施等	小组长：	
			组员：	
	宣传编辑组	负责活动宣传方案的拟定；负责宣传报的设计及制作；负责活动准备期间志愿者思想引导；负责活动中的摄影、摄像及收集宣传资料；负责活动后期的对外宣传工作等	小组长：	
			组员：	
	后勤物资组	负责志愿者资金筹集；负责在志愿者活动中管理物资、采购物品、布置场地、确定交通工具；负责活动结束后的收尾工作等	小组长：	
			组员：	
	安全保障组	拟定《安全承诺书》，并组织全班培训，做到人人知晓；负责志愿者服务过程中的安全隐患排查及监督	小组长：	
			组员：	

4. 安全事项

根据学校外出活动流程提前报备活动，向学校主管部门上报《尊老敬老活动安全预案》；拟定《安全承诺书》并明确安全责任；对学生进行安全培训。

（1）设计安全预案，填写《尊老敬老活动安全预案申报表》（见表 5-2）。

表 5-2　尊老敬老活动安全预案申报表

申报班级		部门负责人（签字）	
活动内容		活动地点	
活动时间		参与学生	
带队教师			
尊老敬老活动安全预案			
分管部门意见			
分管副校长意见			
校长意见			

（2）拟定《安全承诺书》，由每位志愿者签字并留存。
（3）开展一次全体安全培训会议，做好会议记录并留存。

5. 路线规划

提前熟悉敬老院位置并规划乘车路线，提前确定交通工具。

6. 物资准备

（1）资金筹备。

（2）统一服装。

（3）志愿者活动宣传横幅。

（4）志愿者活动工具、节目道具等。

（5）摄影、摄像器材。

（6）慰问品或自制手工艺品。

（7）服务必需的个人防护物资。

7. 场地准备

确定活动场地并布置。

活动步骤

1. 精心组织与细致落实

（1）活动启程。

志愿者在教室集合，进行首次人员点名，核实仪容仪表，重申安全准则，确保万无一失。随后，按照预定的交通方案，准时启程。

（2）敬老之行。

抵达目的地，下车后进行第二次人数核查。在敬老院工作人员的引导下，各组有序排列，步入敬老院。志愿者的到来，为这个温馨的场所增添了青春的活力。

（3）服务实践。

依据老人的需求，志愿者精心设计多元化的服务活动。

① 履行生活关怀，包括清扫房间，洗涤老人的衣物，晾晒床上用品，以实际行动传递温暖。

② 搭建文艺桥梁，呈现预演的节目，让欢笑与音乐环绕在每个角落。

③ 利用专业技能与个人特长，开展互动活动，如教老人插花，为他们拍照、绘画，或

与他们下棋，增进交流，以专业知识服务于志愿活动。

④ 实施"致敬前辈"计划，向老人学习技艺，聆听他们的故事，这不仅是学习，更是对长者智慧的敬仰，彰显他们的社会价值，让他们的精神世界得到滋养。

⑤ 陪伴交谈，适时提供轻柔的按摩，给予他们心灵的抚慰。

⑥ 举办"幸运抽奖"活动，邀请每位老人写下愿望，签名参与，帮助实现他们的微小心愿。

（4）温情回馈。

向每位老人赠送慰问品，或亲手制作的工艺品，以此表达敬意和关怀。

（5）定格记忆。

各组志愿者与老人合影，部分照片将被冲印并赠予他们，怀念这段难忘的时光。

（6）活动收尾。

在与每一位老人道别后，再次整队点名，确保全员在列后，集体返回校园。

（7）总结与反思。

活动结束后，各组制作服务活动总结报告，以 PPT 或其他直观形式呈现，内容涵盖工作概述、精彩瞬间、收获感悟、活动反思，以此深化对志愿活动的理解和体验。

2. 细数感动、反思精进——尊老敬老活动主题班会

（1）各组小组长依次汇报尊老敬老活动的体会，并回忆美好时光。

（2）评价反思。

① 分组展开讨论，各组小组长代表本组进行自评，指出优点及不足，并提出改进措施。

② 其他小组依次对自评小组进行评价，指出优点及不足，并提出改进建议。

（3）班主任对本次尊老敬老活动进行总体评价。

（4）由学生自行完成活动感悟。

活动感悟（见表 5-3）

表 5-3　细数感动——尊老敬老服务活动感悟

我的付出	

劳动教育实践活动

续表

我的收获	
我的感悟	
活动剪影	（照片张贴处）

活动链接

向劳模学习

学习劳模，是学习他们如磐石般坚守岗位的敬业精神，学习他们对国对民的深情厚谊，犹如璀璨星辰照亮夜空。他们秉持一流追求，与时代并肩奔跑，展现出无尽的进取意志，犹如疾风中的劲草，坚韧不屈。他们在艰苦的环境中砥砺前行，拼搏精神如同春雷唤醒沉睡的大地。创新是他们的灵魂，他们不断改进，如同雕琢玉石的匠人，精细打磨，力求完美。他们淡泊名利，如"老黄牛"默默耕耘，不求回报，只知奉献。他们的忘我精神，宛如无私的烛光，照亮他人，燃烧自己。他们紧密协作，相互关爱，团队精神如同合唱团的和谐旋律，美妙动人。

为了成为新时代的优秀建设者，要向劳模看齐，用科学理论和现代知识充实头脑，如同铁匠铸剑，熔炼智慧。要不断提升思想道德素质，增强科学文化的底蕴，丰富精神世界，致力于建设美好的社会主义家园。

最美劳动者

丁丽萍

  丁丽萍，一位在宁夏回族自治区平罗县老年服务中心默默耕耘的职工，在 2000 年被评为全国劳动模范，2006 年获得全国孝亲敬老楷模提名奖、民政部孺子牛奖。

  时光回溯至 1985 年，平罗县高庄乡敬老院建成时，接纳了首批老人，丁丽萍也就此开启了她的敬老服务生涯，这一坚守就是二十多个春秋。在这漫长的岁月里，她以无尽的细心、耐心、关心与爱心，为每一位老人编织起温暖的生活。面对老人们千差万别的饮食习惯，她并未退缩，而是以坚韧的毅力适应并满足他们的需求，始终如一地履行着自己的职责。尽管薪资微薄，但她从未有过丝毫怨言，反而以坚毅的毅力坚守在岗位上，从未因岁月的单调或老人的偶尔顽固而动摇初心。

  2003 年，丁丽萍服从组织安排，调到县老年服务中心工作。新的环境、新的挑战，她以更高的热情和更精细的态度迎接。她以敬老如敬亲、待老如父母的深情，赢得了每一位老人的深深喜爱。她的真挚付出换来了真挚的回馈，她的敬老之行在平凡中闪耀着非凡的光辉，她的高尚情操在普通中彰显出崇高的境界。

  丁丽萍，一位平凡而又非凡的女性，以恒久的热爱与无私的奉献，诠释了敬老服务工作的崇高意义。她的故事提醒我们尊重和关爱老人，是社会的基石，也是我们应尽的责任。

劳动教育实践活动

📋 **活动评价（见表 5-4）**

表 5-4　反思精进——尊老敬老活动评价表

担任职务			
责任分工			
评价项目	评价主体		
	自我评价	组长评价	对方评价
劳动意识			
吃苦耐劳			
团队合作			
沟通协调			
责任担当			
改进措施			

注：活动评价表的填写可为等级评价形式。其中，A：优秀；B：良好；C：合格；D：不合格。

📝 **活动拓展**

根据本次尊老敬老活动的体验，设计并开展一次"用爱心托起明天的太阳——爱幼志愿者服务活动"。

活动 6　组织义卖

活动目标

（1）引导学生树立爱心意识、责任意识，以实际行动关爱困难儿童。
（2）初步学习市场交易的技巧，加强社会实践能力。

活动准备

1. 培训学习

组织全体学生开展培训，提高思想认识，端正劳动态度，学习劳动技巧，培养劳动意识，清晰劳动目标，领悟劳动意义。

组织义卖的要点提醒

▲ 商品与定价

精心策划义卖物品的数量与定价，确保每件商品均贴有明确标签。建议价格设定以低于市价的一半或三分之一为宜，同时可按价位区段进行分类，如"一元区""五元区""十元区""二十元区"，以方便选购。

▲ 安全保障

确保所有义卖商品健康、卫生且安全。志愿者与教师需共同对物品进行严格验收。活动期间，遵循秩序，避免奔跑、追逐、拥挤和大声喧哗。每位参与者需妥善保管个人财物。

▲ 活动场地

选择开阔的场地作为义卖地点，如操场、林荫道或教学楼前的空地。

▲ 宣传推广

善用学校公众号、广播站或制作精美的海报，提前进行活动宣传。活动启动时，应由口才出众的志愿者利用预先准备的宣传词进行现场推广。

▲ 热情服务

志愿者需以饱满的热情参与活动，使用普通话交流，营造活跃的活动氛围。购物时，需保持文明态度，避免过度议价。全体志愿者必须按时到场，各负其责，并服从整体安排。应以微笑和优质服务对待每一位顾客，确保他们购物体验愉快。

▲ 环境整洁

维护校园环境，不乱丢垃圾。活动结束后，志愿者需清理展台，确保场地整洁。

▲ 服饰形象

志愿者尽量统一着装，佩戴有义卖活动标识的工作牌或统一的帽子，以增强视觉吸引力。

▲ 财务管理

详细记录义卖物品的销售情况，采用手写记账，确保账目清晰易查。

▲ 销售策略

（1）选择校园人流密集的地点和时段，如下课时段的主干道，作为义卖点。

（2）展台人员分工明确，如设立"导购员"和"摊主"角色，各尽其责。销售人员以幽默风趣的语言吸引顾客，甚至可以编排一些顺口溜，提升展台人气。

（3）志愿者需全面了解商品，对顾客的问题能流利解答，展现出商品的专业性。

（4）以顾客需求为导向，不强求购买，而是强调商品的价值和性价比。

（5）保持展台整洁温馨，商品陈列有序，营造良好的购物环境。

2. 事前联络

联系儿童福利院并获得院方信任，确定义卖活动能够援助的对象，了解对方的需求，沟通院方可以提供的义卖手工制品（如种类、名称、价格等）。

3. 分组分工

根据分组分工表（见表6-1）部署工作。

表 6-1　组织义卖活动分组分工表

组织设置		工作内容	岗位设置	岗位职责
领导小组		全面统筹组织义卖活动	组长：	负责活动中的监督检查、进度把控等
			副组长：	落实安全保障，协助组长管理，监督工作小组推进任务
工作小组	策划协调组	负责与学校志愿者主管部门进行工作报备及资格审批；爱心捐助对象的确定，做好联络等工作；结合儿童福利院自制物品的特色、本校社团专业特色，确定义卖物品的种类和数量，落实活动方案；负责其他各工作小组的人员分配、组间人员的调配与协商	小组长：	小组长：负责落实本组工作内容执行、组员管理、组内分工、组间协调合作 组员：服从组长管理，自觉遵守活动纪律，积极参与、团结协作
			组员：	
	节目筹备组	根据义卖活动准备节目（十个左右），设计现场互动环节，并负责具体实施	小组长：	
			组员：	
	宣传编辑组	负责活动宣传方案的拟定，拟定通过公众号、广播的宣传方案，设计及制作精美海报，负责活动期间的主持人宣传语，负责活动中的摄影、摄像及宣传资料收集，负责活动后期对外宣传工作等	小组长：	
			组员：	
	后勤物资组	负责将儿童福利院义卖的物品从校外运送到校内，以及校内义卖物品的收集和准备，义卖活动中物资的管理；负责场地展台布置，活动结束后的收尾工作等；负责义卖款的统计	小组长：	
			组员：	
	安全保障组	拟定组织义卖活动的《安全承诺书》，并进行全班人员安全培训，做到人人知晓；负责活动过程中的安全隐患排查及监督	小组长：	
			组员：	

4. 学习售卖语言

（1）由教师示范售卖语言："同学你好，我是来自×年级×班的×××。我们正在积极参与'心手相连，温情传递'慈善义卖活动，旨在通过辛勤努力，感知劳动的喜悦。这款香皂定价五元，每一份售出的款项，都将悉数捐给市福利院，为那里的孩子送去温暖。无论您是否购买，您的关注与支持已让我们深感感激。"

（2）选择几位负责销售的志愿者作为代表，将教师作为售卖对象，模拟售卖香皂的过程。模拟结束后由教师指出销售员的不足并给予鼓励。

（3）再次请志愿者演示一遍，以巩固售卖语言。

5. 安全事项

根据校内活动流程提前报备，向学校主管部门上报组织义卖活动安全预案，填写《组织义卖活动安全预案申报表》（见表6-2），并留存。对全体学生进行安全培训，并做好培训记录。

表6-2 组织义卖活动安全预案申报表

申报班级		部门负责人（签字）	
活动内容		活动地点	
活动时间		参与学生	
带队教师			
组织义卖活动安全预案			
分管部门意见			

续表

分管副校长意见	
校长意见	

6. 场地准备

活动场地确定及相关内容的布置。

7. 物资准备

（1）义卖物品筹集（手工艺品）。

（2）统一服装，统一帽子。

（3）制作义卖活动宣传海报。

（4）准备展台布置。

（5）摄影、摄像器材。

活动步骤

1. 精心组织与细致落实

（1）志愿者团队在教室集合，核查人数，确保仪表整洁，简明扼要地概述活动流程，并明确各岗位职责。

（2）在活动开始前，细致检查所有物品是否已按种类和价格有序陈列。销售人员借此机会互相交流，精进推销技巧。

（3）抵达场地后，各组迅速分工，精心布置展台及义卖商品。随后，井然有序地启动义卖活动，播撒爱心。

（4）活动结束，志愿者共同承担起现场清理工作，详细记录义卖所得。队伍重新集合，再次核查人数，合影留念，定格美好瞬间。

（5）最后，各组将总结汇报以 PPT 或其他直观形式，呈现工作亮点、活动瞬间、所得启示、内心感悟及未来改进的思考。

劳动教育实践活动

2. 细数感动、反思精进——组织义卖活动主题班会

（1）各组小组长汇报对组织义卖活动的体会，在讲解中回忆美好时光。
（2）评价反思。利用班会指出本次活动的亮点与不足，提出改进建议。
（3）班主任对本次组织义卖活动进行总体评价。
（4）请学生自行完成活动感悟。

活动感悟（见表 6-3）

表 6-3　细数感动——组织义卖活动感悟

我的付出	
我的收获	
我的感悟	
活动剪影	（照片张贴处）

活动链接

社会实践的概念和意义

社会实践是人类有目的地改造世界的感性物质活动，是对人类自身社会历史活动本质的概括。全部人类历史是由人们的实践活动构成的。

职业教育的根本属性，就是在"产教融合"的基本原则下，提高学生的动手动脑能力，弘扬劳动光荣观念，发扬工匠精神，打造职教特色。只有加强社会实践，才能提高学生综合职业能力，提升人才培养质量。

1. 社会实践是培养高技能人才的必经之路

新时代对我国技能人才的培养提出了全新的挑战。现代制造业需要大批具备某一领域的综合知识的技能人才，这需要学生真枪实练，广泛参与社会实践，让"学得好"和"用得上"无缝衔接。

2. 社会实践是促进学生健康成长的重要途径

社会实践活动是学生素质教育的重要组成部分，是学生德智体美劳全面发展的重要途径。它是课堂教学的延伸和补充，能帮助学生树立正确的世界观、人生观、价值观，帮助学生在理论和实践的有机结合中提高思想觉悟，增强社会意识、责任意识、集体意识，促进健康成长。

3. 社会实践是促进学生优质就业的有力武器

社会实践可以帮助学生将理论知识与工作实际结合，积累社会阅历，丰富工作经验，提高解决问题的能力，助力学生优质就业。

最美劳动者

张秉贵

张秉贵，这位 1918 年出生于北京的平凡售货员，却在自己的岗位上书写了不凡的篇章。自踏入北京王府井百货大楼的糖果柜台那一刻起，他便以高度的责任感和无私的奉献精神，成了新中国商业史上的一面鲜红旗帜。

面对当时物资匮乏、顾客众多的挑战，张秉贵没有退缩，而是选择迎难而上。他凭借过人的毅力和智慧，练就了"一抓准""一口清"的绝技，大大缩短了顾客的等待时间，提升了购物体验。同时，他还创新性地提出了"接一问二联系三"的工作方法，确保了服务的连续性和高效性，赢得了广大顾客的赞誉。

然而，张秉贵的追求远不止于此。他深知，优质的服务源自对产品的深入了解和热爱。因此，他常常利用业余时间深入工厂、医院和研究单位，学习糖果的制作工艺、营养价值和健康知识，以便更好地为顾客提供咨询和建议。

晚年的张秉贵，虽然已步入人生的暮年，但他对事业的热爱和追求却从未减退。他奔波于全国各地，将自己多年的服务经验和心得无私地传授给年轻一代的售货员，用自己的行动诠释了"为人民服务"的深刻内涵。

张秉贵的一生，是平凡而又伟大的一生。他用自己的实际行动，践行了社会主义核心价值观，树立了良好的职业道德风范。他不仅是北京王府井百货大楼的骄傲，更是新中国商业战线上的一颗璀璨明珠。

活动评价（见表6-4）

表6-4 反思精进——组织义卖活动评价表

担任职务			
责任分工			
评价项目	评价主体		
	自我评价	组长评价	对方评价
劳动意识			
吃苦耐劳			
团队合作			
沟通协调			
责任担当			
改进措施			

注：活动评价表的填写可为等级评价形式。其中，A：优秀；B：良好；C：合格；D：不合格。

活动拓展

根据本次组织义卖活动的体验，设计并开展一次"精准扶贫、关爱山区留守儿童志愿服务活动"。

项目三

农事体验

活动 7　初识耕作

活动 8　饲养家禽

活动 9　清理果园

活动 7　初识耕作

活动目标

（1）感受耕作劳动的过程，培养讲技术、讲科学的劳动精神。
（2）了解社会实践的方法与途径。
（3）理解传统农业的智慧，从劳动中体验职业道德的重要意义。

活动准备

1. 培训学习

组织全体学生开展培训，了解松土、施肥在植物生长中的作用，掌握松土、施肥的基本步骤、方法、所需工具和注意事项，培养精耕细作的劳动态度。

松土、施肥的意义与实施要点

▲ 松土在植物生态中的关键作用

松土是植物生长过程中不可或缺的一环，它首要提升土壤的透气性，从而刺激植物根系的呼吸作用，确保其健康生长。此外，适度的松土可刺激表层根系断裂，引导根系向土壤深处延伸，增强植物的稳定性，防止倒伏现象。春季松土还有保水保湿及提升地温的效果，为种子萌发和幼苗生长创造适宜的环境。同时，松土也是有效控制杂草生长的重要手段。

▲ 松土技术与实施要点

通常采用中耕松土技术，轻翻表土达到松散土壤的效果。松土的时机和频率应依据作物种类、生长阶段、杂草状况和土壤条件灵活调整。旱地作物常在苗期和封行前进行，水稻则在分蘖期进行，一般一季作物需中耕 3 至 4 次。作物生育期的松土深度应遵循"浅，深，浅"的原则，以保护根系，促进其生长。松土时需谨慎操作，避免损伤根部，同时确保根部周围土壤的疏松。

▲ 施肥的科学意义与目标

施肥是一种农业技术实践，通过向土壤中施加肥料或直接喷洒于植物，以补充植物所需的营养，维持并提升土壤肥力。其主要目标在于提高作物的产量和质量，进而优化经济效益。因此，合理且科学的施肥策略对于粮食安全的保障及农业的可持续发展至关重要。

▲ 施肥方法与注意事项

施肥需依据土壤肥力、作物需求、预期产量、气候条件及肥料特性，精确计算肥料用量，明确施肥时机和方式。首先，应精准施肥，只有在特定营养元素缺乏时才需补充，避免过度施肥导致浪费或作物中毒。其次，施肥需要考虑土壤动态，肥料施入后会与土壤发生复杂反应，理解这些变化是实现合理施肥的基础。

2. 场地准备

（1）如果学校的花园、植物园面积较大，建议分片承包给各班级，各班级对自己承包的园区进行种植、养护。

松土、施肥可以在班级负责的场地进行，同时需要做好以下准备：一是清理场地周围，确保能安全进入，且不影响学校的正常教育教学活动，不给周围环境造成破坏；二是测算能够容纳学生的数量，如果一次容纳的学生数量有限，可以按批次轮流进行，因为松土、施肥本身就需要经常进行；三是根据场地、植物情况确定适合的工具和肥料，具体可以查阅资料或者向园林工人请教。

（2）如果学校没有适合的场地，可以联系校外能进行松土、施肥活动的场地。

在校外场地进行松土、施肥时，需要做好以下准备：一是确定往返路线及乘坐的交通工具，要确保活动安全；二是联系好现场指挥人员，确定场地具体区域、劳动时间段及注意事项（包括安全注意事项、周围环境影响情况等）；三是确定松土、施肥的工具和材料，确定哪些由对方提供，哪些需要自己准备。

3. 分组分工

根据分组分工表（见表 7-1）部署安排活动。

表 7-1 初识耕作活动分组分工表

组织设置	工作内容	岗位设置	岗位职责
领导小组	全面统筹初识耕作活动	组长：	负责活动中的监督检查、进度把控等
		副组长：	落实安全保障，协助组长管理、监督工作小组推进任务
工作小组	策划协调组：负责向学校后勤、教务、学生管理部门进行工作报备、活动审批；负责松土、施肥场地的确定、联络、情况了解等工作；根据场地情况、班级小组情况确定分组分区，制定劳动方案，确定小组成员；负责其他各工作小组的人员分配、组间人员的调配与协商	小组长：	小组长：负责落实本组工作内容执行、组员管理、组内分工、组间协调合作

组员：服从组长管理，自觉遵守活动纪律，积极参与、团结协作 |
		组员：	
	后勤物资组：负责松土、施肥材料和工具的准备，并分配到组；负责交通工具；负责联络活动结束后工具回收等收尾工作	小组长：	
		组员：	
	安全保障组：拟定《安全承诺书》，并进行全班安全培训，做到人人知晓；负责劳动过程、交通过程中的安全隐患排查及监督	小组长：	
		组员：	
	技术小组：负责提前了解和学习松土、施肥基本步骤、方法和注意事项等，并培训全班学生，也可以请相关专业人员进行现场讲解和指导	小组长：	
		组员：	
	劳动小组：将全班分成若干劳动小组进行松土、施肥劳动，负责活动过程中的工具保管，完成分配给本小组的地块的松土、施肥任务，确保作物安全、松土细致、施肥到位等	小组长：	
		组员：	

4. 安全事项

如果需要外出活动，应根据学校外出活动流程提前报备，向学校主管部门上报活动安全预案；如果在校内活动，应向学校教务处、学生处报备；拟定《安全承诺书》并明确安全责任；对学生进行安全培训。

（1）设计安全预案，填写《初识耕作活动安全预案申报表》（见表7-2）。

表7-2 初识耕作活动安全预案申报表

申报班级		部门负责人（签字）	
活动内容		活动地点	
活动时间		参与学生	
带队教师			
初识耕作活动安全预案			
分管部门意见			
分管副校长意见			
校长意见			

（2）拟定《安全承诺书》，由每位参与者签字留存。

（3）开展一次全体安全培训会议，做好会议记录并留存。

（4）根据情况（距离、环境等）选择性购买短期意外险。

5. 行程规划

提前熟悉场地位置并规划乘车路线，提前确定、联系交通工具。在校内劳动的学生，应确保不干扰其他班级的教学活动。

6. 物资准备

（1）松土、施肥工具。

（2）肥料。

（3）便于劳动的服装。

（4）饮用水。

（5）必要的个人防护物资。

7. 场地准备

劳动场地确定及划分。

活动步骤

1. 精心组织与细致落实

（1）在教室进行首次点名核查人数，强调着装规范，并重申安全规程。随后，依照计划的交通出行方案准时启程。抵达目的地，进行第二次点名核查人数，各组有序集结。

（2）领取必要的劳动器具与物资，确保准备工作充分。同时，为了便于理解，请详细描述松土与施肥的具体操作步骤。

（3）各组分散进行实践，执行松土与施肥任务。

（4）劳动结束后，清理现场，邀请班主任与技术团队进行验收。归还工具与剩余物资，进行第三次点名核查人数。

（5）集体安全返校，确保全员到齐。

（6）各小组或个人进行深度的劳动反思，内容涵盖工作概览、现场体验、收获心得及改进建议。

2. 细数感动、反思精进——初识耕作活动主题班会

（1）各小组代表依次汇报劳动体会，在讲解中回忆劳动时光。

劳动教育实践活动

（2）评价反思。

① 分组展开讨论，各组小组长代表本组进行自评，指出优点及不足，并提出改进措施。

② 其他小组依次对自评小组进行评价，指出优点及不足，并提出改进建议。

（3）班主任对本次活动进行总体评价。

（4）学生自行完成活动感悟。

活动感悟（见表 7-3）

表 7-3　细数感动——初识耕作活动感悟

我的付出	
我的收获	
我的感悟	
活动剪影	（照片张贴处）

活动链接

社会实践的方法与途径

职业院校学生参与社会实践的方法与途径大致有以下几类。

1. 课程学习实践

课程学习实践是职业院校学生实践活动的主要构成部分。它由实验教学、实习教学、毕业设计及科技创新等多个方面构成。学生按照学校教学要求,依据课程教学内容和教学设计,通过实践活动巩固知识,增强学习效果。

2. 专项社会实践

专项社会实践活动有较强的针对性和特殊性,具有形式新颖多样、活动内容丰富、活动范围广泛等特点。一般包括公益活动、志愿者服务、顶岗实习、回乡实习等。通过专项社会实践活动,实现服务社会、贡献家乡的目的,增强社会责任感和就业意识。就职业院校学生而言,专项社会实践活动主要包括公益实践和顶岗实习。

3. 主题社会实践

主题社会实践是职业院校学生社会实践活动的主要形式之一,具有较强的目的性和针对性,活动内容相对具体明确,实践活动形式多样,其主要形式包括活动交流和具有主题的服务活动、实践活动及社会调研等。

4. 个体实践

个体实践是职业院校学生参与社会实践的普遍途径之一。其最大的特点在于实践活动个体性和社会性相结合,主要包括个体兼职活动和创业实践活动。个体实践活动能帮助学生积累一定社会实践经验,培养职业素养,提升综合职业能力。

最美劳动者

申纪兰

  申纪兰，一位平凡而卓越的农村女性，是第一届至第十三届全国人大代表。1929年，她出生于一个朴实的农民家庭，23岁便光荣地加入了中国共产党。1951年，在山西平顺县西沟，她首倡并实践了男女同工同酬，这一壮举有力地提升了妇女的社会地位。1954年，这一理念被纳入宪法，同年，她初次当选为全国人大代表，之后连续12次蝉联。

  无论顺境、逆境，平坦崎岖，申纪兰始终坚守着劳动人民的本色，秉持着"四不"原则：不领工资、不转户口、不定级别、不坐专车，彰显了她的高尚品格。改革开放以来，她紧跟时代脉搏，转变观念，勇于创新，为农村改革与发展开辟新径，兴办实业，提升山区生活品质。

  党的十八大以来，申纪兰积极响应国家号召，积极推动绿色生态乡村建设，为脱贫攻坚贡献智慧和力量。2020年6月28日，这位深深热爱祖国的伟人离世，但她留下的"西沟"与"农民"的印记，象征着她的平凡与伟大。她的生活信条是劳动与扎根农村，始终不忘初心，全心全意为人民服务。申纪兰的故事，是对我们每一位职业院校学生最好的教诲，提醒我们无论何时何地，都应保持对人民的热爱和对初心的坚守。

活动评价（见表7-4）

表7-4 反思精进——初识耕作活动评价表

担任职务			
责任分工			
评价项目	评价主体		
	自我评价	组长评价	对方评价
劳动意识			
吃苦耐劳			
团队合作			
沟通协调			
责任担当			
改进措施			

注：活动评价表的填写可为等级评价形式。其中，A：优秀；B：良好；C：合格；D：不合格。

活动拓展

根据本次劳动体验，给自己家的花草及农作物松松土、施施肥。

活动 8　饲养家禽

🏆 活动目标

（1）体验饲养家禽的过程，锻炼不怕脏、不怕累的优秀劳动品质。
（2）了解职业道德的基本规范要求，培养遵守职业道德的良好行为习惯。
（3）理解养殖与种植的区别，从劳动中体验快乐。

📋 活动准备

1. 培训学习

组织全体学生开展培训，了解饲养家禽的意义、作用，掌握饲养家禽的基本方法、注意事项，锻炼不怕脏、不怕累的劳动品质。

饲养家禽常识

家禽种类较多，包括鸽子、鸡、鸭、鹅等，它们是日常生活中的重要伙伴。在与家禽的互动中，饲养人员扮演着关键角色。为防止禽流感传播，他们应采取严格的预防措施，如佩戴口罩以保护呼吸道，身着工作服以降低直接接触的风险，处理污染物时还需额外戴手套和穿防护服，事后务必洗手并消毒。

日常管理家禽，需注重科学饲养。首先，饲料配置需严谨，确保其成分明确、无污染，避免使用有害添加剂。饲料的新鲜度也不容忽视，对于长时间存放的饲料应及时处理，不得用于饲养。此外，均衡的营养摄入至关重要，特别是在家禽产蛋期间，可在饲料中适量添加钙元素以补充营养。

其次，保证水质的清洁和充足是至关重要的，定期更换水以避免污染。饲养环境应保持清洁、通风和干燥，要定期消毒。同时，饲养工具应每日清洗消毒，以保持卫生。

再者，饲养环境的清洁和卫生也是保障家禽健康的重要因素。饲养人员会定期更换水源，保持水质的清洁和充足。同时，他们还会保持饲养环境的清洁、通风和干燥，定期进行消毒，以防止病菌滋生。此外，饲养工具也要每天清洗和消毒，确保家禽在干净卫生的环境中生长。

最后，疾病预防是家禽管理的关键环节。定期接种疫苗，进行环境消毒，防止疾病交叉传播。对病弱或死亡的家禽，应及时隔离处理，避免疫情扩散。这样的精细化管理，旨在保障家禽的健康，同时也保护了人类的健康。

综上所述，饲养人员通过科学饲养、环境管理和疾病预防等措施，为家禽提供了健康、安全的生长环境。这不仅保障了家禽的健康和生长，也为人类提供了优质的禽类产品，为人类的健康做出了贡献。

2. 场地准备

有条件的学校、班级建议到家禽养殖场集中开展此项劳动，其余的学校、班级可利用放假时间分散完成此项劳动。以下是对到家禽养殖场集体劳动进行活动设计，分散劳动的学生可参照进行。

（1）确定往返路线及交通工具，要确保活动安全。

（2）提前联系养殖场管理、指挥的人员，确定养殖场的具体位置、具体劳动区域、劳动时间段、劳动注意事项（包括安全注意事项、周围环境影响情况等）。

（3）确定饲养家禽需要的工具和材料，确定哪些由对方提供，哪些需要自己准备。

3. 分组分工

根据分组分工表（见表 8-1）部署安排工作。

表 8-1　饲养家禽活动分组分工表

组织设置	工作内容	岗位设置	岗位职责
领导小组	全面统筹饲养家禽活动	组长：	负责活动中的监督检查、进度把控等
		副组长：	落实安全保障，协助组长管理，监督工作小组推进任务
工作小组	策划协调组：负责与学校后勤、教务、学生管理部门进行工作报备、活动审批；负责养殖场的确定、联络、情况了解等工作；负责根据场地情况、班级小组情况确定分组分区，制定劳动方案，确定小组成员；负责其他各工作小组的人员分配、组间人员的调配与协商	小组长：	小组长：负责落实本组工作内容执行、组员管理、组内分工、组间协调合作

组员：服从组长管理，自觉遵守活动纪律，积极参与与团结协作 |
		组员：	
	后勤物资组：负责喂养家禽的材料、工具准备，并分配到组；负责交通工具的确定；负责活动结束后工具回收、交还等收尾工作	小组长：	
		组员：	
	安全保障组：拟定《安全承诺书》，并对全班学生进行安全培训，做到人人知晓；负责劳动过程、交通过程中的安全隐患排查及监督	小组长：	
		组员：	
	技术小组：负责提前了解、学习饲养家禽的基本方法和注意事项，并培训全班学生。也可以请相关专业人员进行现场讲解指导	小组长：	
		组员：	
	劳动小组：全班分为若干劳动小组进行饲养家禽劳动，负责活动过程中的工具物资保管，完成分配给本小组区域、圈舍的卫生打扫、饲料加工、喂养等工作	小组长：	
		组员：	

4. 安全事项

根据学校外出活动流程提前报备，向学校主管部门上报饲养家禽活动安全预案；拟定《安全承诺书》，明确安全责任；对学生进行安全培训。

（1）设计安全预案，填写《饲养家禽活动安全预案申报表》（见表8-2）。

表8-2 饲养家禽活动安全预案申报表

申报班级		部门负责人（签字）	
活动内容		活动地点	
活动时间		参与学生	
带队教师			
饲养家禽活动安全预案			
分管部门意见			
分管副校长意见			
校长意见			

（2）拟定《安全承诺书》，每位参与者签字后留存。

（3）开展一次全体安全培训会议，做好会议记录并留存。

（4）根据情况（距离、环境等）选择性购买短期意外险。

5. 行程规划

提前熟悉养殖场位置并规划乘车路线，提前联系、确定交通工具。

6. 物资准备

（1）环境卫生清扫工具。

（2）消毒物资、工具。

（3）便于劳动的服装。

（4）饮用水。

（5）必需的个人防护物资。

7. 场地准备

按组划分养殖场区域、圈舍。

活动步骤

1. 精心组织与细致落实

（1）在教室集合，首次点名并核查人数，重申活动安全规范。随后，按照预定的交通工具准时启程。抵达目的地后，进行第二次点名核查人数，各组整队。在养殖场专业人员指导下，进行个人、工具及物资的消毒程序。然后，领取必要的劳动工具和物资。

（2）活动开始前，详细了解家禽饲养的步骤、技巧及安全要点。接下来，各组分工劳动：清理环境、准备饲料、喂食并观察家禽的健康状况。劳动结束后，确保场地保持整洁，并邀请养殖场工作人员进行检查。随后，归还所有劳动工具和剩余物资，进行第三次点名。

（3）集体返回校园，确保全员安全返回。各小组进行深度反思，内容包括工作概述、现场体验、收获感悟及劳动改进点，以此深化对劳动价值的理解。

2. 细数感动、反思精进——饲养家禽活动主题班会

（1）各组小组长依次汇报劳动体会，在讲解中回忆劳动时光。

（2）评价反思。

① 分组展开讨论，各组小组长代表本组进行自评，指出优点及不足，提出改进措施。

② 其他小组依次对自评小组进行评价，指出优点及不足，并提出改进建议。

(3)班主任对本次劳动进行总体评价。
(4)请学生自行完成活动感悟。

活动感悟（见表 8-3）

表 8-3　细数感动——饲养家禽活动感悟

我的付出	
我的收获	
我的感悟	
活动剪影	（照片张贴处）

活动链接

中职学生如何养成良好的职业道德

2019 年 10 月，中共中央、国务院印发了《新时代公民道德建设实施纲要》，强调推进践行以爱岗敬业、诚实守信、办事公道、热情服务、奉献社会为主要内容的职业道德，鼓励人们在工作中做一个好建设者。

职业道德的培育，根植于日常生活。日常生活是塑造优良习惯的沃土，需持之以恒，让美德成为习惯，习惯转化为自发行为，体现道德的自觉性与习惯性。

专业学习是其锤炼的熔炉。专业知识与技能是构建职业信念和道德行为的基石。唯有不断学习，提升技能，方能铸造坚实的职业道德根基。

社会实践则是体验与成长的舞台。丰富的社会实践活动，既是个人成长的摇篮，也是理论与实践相融合的关键场所，对职业道德行为的塑造起着决定性的作用。

自我修养是提升的内在动力。在学习、生活及各类实践中，个人应自觉遵循职业道德原则，进行自我修炼、自我革新和自我提升，以此强化职业道德品质。

最后，职业活动是检验道德品质的试炼场。将道德理念内化为信念，将信念转化为实际行动，切实履行职责，做到言行一致、内外兼修，是展现职业道德的真谛。因此，每一位学生都应在职业生涯中不断提升自我，塑造高尚的职业道德形象。

最美劳动者

米吉格道尔吉

在内蒙古自治区呼伦贝尔市新巴尔虎右旗，克尔伦苏木芒来嘎查党支部书记米吉格道尔吉，荣获2020年全国劳动模范及2021年"全国优秀党务工作者"称号。他秉持爱岗敬业、勇于创新的精神，致力于改变牧区贫困面貌，推动牧区经济发展。

大学毕业后，米吉格道尔吉毅然返回家乡，带领牧民打破传统畜牧模式，创建养羊合作社，实行分组放牧，显著提升生产效率与牧民收入。在他的带领下，芒来嘎查逐渐摆脱贫困，集体经济日益壮大。在党务工作中，他严格遵循民主原则，强化支部建设，培养党员，密切党群关系，增强牧民对嘎查工作的支持。他不仅是经济发展的带头人，更是党务工作的佼佼者。

2019年，米吉格道尔吉抓住牧区现代化试点机遇，成立芒来畜牧专业合作社，推行股份制，整合资源，优化草场利用，实施牲畜划区轮牧，拆除无效网围栏，进一步减轻环境压力，提升牧民收入。在旗委、政府支持下，合作社引入现代化设施与先进设备，加强牧民培训，提高生产效率和牧民生活质量。合作社牲畜出栏量显著增加，米吉格道尔吉的努力结出丰硕果实。

米吉格道尔吉的事迹展现了劳动模范与优秀党务工作者的风采，激励更多人投身牧区现代化建设，为牧区发展贡献力量。他用实际行动诠释了共产党员的责任与担当，成为牧民心中的楷模。

劳动教育实践活动

📋 **活动评价（见表 8-4）**

表 8-4　反思精进——饲养家禽活动评价表

担任职务			
责任分工			
评价项目	评价主体		
	自我评价	组长评价	对方评价
劳动意识			
吃苦耐劳			
团队合作			
沟通协调			
责任担当			
改进措施			

注：活动评价表的填写可为等级评价形式。其中，A：优秀；B：良好；C：合格；D：不合格。

📝 **活动拓展**

根据本次劳动体验，请学生尽可能多地了解我国及世界养殖业的发展现状。

活动 9　清理果园

活动目标

（1）了解清理果园的相关知识，学会使用清理果园的工具并掌握清理果园的方法。
（2）培养学生吃苦耐劳的精神和珍惜果实的意识。
（3）在实践中努力学习职业道德行为的养成方法，主动培养良好的职业道德。

活动准备

1. 培训学习

（1）组织全体学生开展清理果园的培训，学会采果后清理果园的相关知识，学会使用各种清理果园的工具，掌握清理果园的流程和方法，端正劳动态度、学习劳动技巧、清晰劳动目标。

清理果园的基本常识

▲ 果园采收后的养护价值

果树采果后的园地清理是全年果树管理的核心环节，绝非摘果后即可松懈。此时，光合作用产生的养分不再供应果实，转而致力于树干的强化与组织成熟，这是一个至关重要的营养积累阶段。园地清理的质量直接影响果树的生长态势和次年的产量预期。

▲ 果树理想清理的时节

秋季清理可有效摧毁越冬病原体，增强树体营养，助其顺利过冬，降低冻害风险。次年春季，树体快速返青，展现出健康的色泽。而春季的清理则能及时修复枝干伤口，消灭部分病菌，对于缓解冻害导致的溃疡腐烂有显著效果。

劳动教育实践活动

▲ 清理果园的系统步骤与策略

（1）修剪：切除枯枝与病虫枝，剪下的病虫枝需及时移出果园外并集中销毁。

（2）刮削：对于剪刀难以剪除的枝干病斑，应刮除处理，这些部位常是病虫的藏身之处。

（3）涂刷：刮去老皮后，应及时涂刷防护剂，以消除树干上越冬的病虫。

（4）翻耕：果园清扫后，应对果树周围树冠下的土壤进行 20 至 30 厘米的深度翻耕。

（5）清扫：彻底清除果园内的杂草、落叶和枯枝等。

（6）喷洒：园地清理完毕后，应用专用药剂进行全面喷洒，以消灭潜在的病虫害。

▲ 清理注意事项

首先要确保安全。修剪时要量力而行，避免攀高作业以防摔伤；喷洒农药时，务必遵循规范，切勿将农药对准人体，以防误吸中毒；避开果园内的危险区域，行走时留意脚下地形，以防摔倒。

▲ 工作态度与着装

面对清理果园的烦琐任务，需保持耐心，坚持不懈。穿着上，建议选择长袖长裤，以防晒伤和蚊虫叮咬，同时避免穿着亮黄色衣物，以免吸引蜜蜂和飞虫。

（2）组织学生通过网络收集病虫害的树枝图片，了解几种常见的果树虫害，并在班会上分享。

2. 事前联络

有条件的学校、班级建议到附近果园或农场集中开展此项活动，其余的学校、班级可利用周末放假时间（最好是冬天）到亲戚、朋友家的果园分散完成此项活动。下面是对果园或农场集体劳动进行活动设计，分散劳动的学生可参照此设计进行。

联系果园，获得对方允许，并做好以下准备。

（1）确定往返路线及交通工具，确保学生安全。

（2）了解果园的基本情况，确定果园具体位置，明确劳动区域、时间段、注意事项（包括安全注意事项、周围环境影响情况等）。

（3）确定清理果园活动需要的工具和材料，明确哪些由对方提供，哪些需要自己准备。

3. 分组分工

根据分组分工表（见表 9-1）部署安排工作。

表 9-1　清理果园活动分组分工表

组织设置		工作内容	岗位设置	岗位职责
领导小组		全面统筹清理果园活动	组长:	负责活动中的监督检查、进度把控等
			副组长:	落实安全保障，协助组长管理，监督工作小组执行工作
工作小组	策划协调组	负责与学校后勤、教务、学生管理部门进行工作报备、活动审批；负责果园的确定、联络、了解情况等工作；负责根据场地情况、班级小组情况确定分组分区，制定劳动方案，确认小组成员；负责其他各工作小组的人员分配、组间人员的调配协调	小组长:	小组长：负责落实本组工作内容执行、组员管理、组内分工、组间协调合作 组员：服从组长管理，自觉遵守活动纪律，积极参与，团结协作
			组员:	
	宣传编辑组	负责清理果园过程中的摄影、摄像及宣传资料收集；负责活动后期的对外宣传工作等	小组长:	
			组员:	
	后勤物资组	负责清理果园的物资、工具准备，并分配到小组；负责联系交通工具；负责活动结束后工具回收、交还等收尾工作	小组长:	
			组员:	
	技术小组	负责提前了解、学习采果后清理果园的基本方法和注意事项等，并培训全班学生。也可以请相关专业人员进行现场讲解指导	小组长:	
			组员:	
	安全保障组	拟定《安全承诺书》，并对全班学生进行培训，做到人人知晓；负责志愿者服务过程中的安全隐患排查及监督	小组长:	
			组员:	
	劳动小组	将全班分成若干劳动小组进行清理果园劳动，负责活动过程中的工具物资保管，完成分配给本小组的区域内的果树修剪、打扫、翻土、喷药等劳动	小组长:	
			组员:	

4. 安全事项

根据学校外出活动流程提前报备，向学校主管部门上报清理果园活动安全预案；拟定《安全承诺书》并明确安全责任；对全体学生进行安全培训。

（1）设计安全预案，填写《清理果园活动安全预案申报表》（见表 9-2）。

表 9-2　清理果园活动安全预案申报表

申报班级		部门负责人（签字）	
活动内容		活动地点	
活动时间		参与学生	
带队教师			
清理果园活动安全预案			
分管部门意见			
分管副校长意见			
校长意见			

（2）拟定《安全承诺书》，每位志愿者签字后留存。

（3）开展一次全体安全培训会议，做好会议记录并留存。

（4）根据情况（距离、环境等）选择性购买短期意外险。

5. 路线规划

提前熟悉果园或农场位置并规划乘车路线，提前确定、联系交通工具。

6. 物资准备

（1）活动资金筹备。

（2）便于劳动的服装。

（3）制作清理果园活动宣传横幅。

（4）修剪树枝的工具。

（5）刮除树上粗翘皮、腐烂病斑的工具。

（6）石硫合剂等杀虫剂（最好由果园准备）。

（7）清扫腐果、枯枝、落叶的工具。

（8）个人防护物资。

（9）饮用水。

7. 场地准备

活动场地确定及布置。

活动步骤

1. 精心组织与细致落实

（1）在教室集合，首次核对人数，再三重申安全活动准则。随后，乘坐预先安排的交通工具，确保准时启程，踏上期待已久的旅程。

（2）抵达目的地，在下车后进行第二次人数确认，各小组有序列队。在果园工作人员的引领下，步入指定的工作区域。此时，工作人员逐一向各组讲解清理果园活动的精细步骤，生动演示工具的正确使用方式。

（3）各小组负责人领取工具，引领团队抵达指定地点，随即展开劳动。修剪小组准确剪除枯病枝条，用工具处理难以修剪的病斑；涂白小组在刮除的老皮处，用心涂抹药膏，以保护果树；翻土小组以锄头深翻果树周边土壤，为果树生长提供肥沃环境；清扫小组挥舞大扫帚，将杂草和枯枝清扫至指定区域；喷药小组在工作人员指导下，果园整洁后，精准喷洒杀虫剂，守护果树健康。

（4）任务完成后，全体成员与工作人员共享劳动的喜悦，合影留念。随后，归还工具，清理现场，向果园的工作人员致以诚挚的感谢。整队后，进行第三次人数核对，返回校园。

（5）返校后，各小组将合作制作一份活动总结报告，以PPT或其他直观形式呈现，内容涵盖工作概述、活动亮点、所得收获、个人感悟及活动反思等，以此纪念这次富有意义的清理果园活动。

2. 细数感动、反思精进——清理果园活动主题班会

（1）各组小组长依次汇报清理果园活动体会，在讲解中回忆美好时光。

（2）评价反思。

① 分组展开讨论，各组小组长代表本组进行自评，指出优点及不足，提出改进措施。

② 其他小组依次对自评小组进行评价，指出优点及不足，提出改进建议。

（3）班主任对本次清理果园活动进行总体评价，并发出珍惜劳动果实的号召。

（4）请学生自行完成活动感悟。

活动感悟（见表9-3）

表9-3 细数感动——清理果园活动感悟

我的付出	
我的收获	
我的感悟	

续表

活动剪影	（照片张贴处）

活动链接

培养职业道德

1. 培养良好的职业态度

职业素养是个体对其专业领域的观念与行为模式，优质的素养堪称事业成就的关键。敬业精神体现于刻苦工作与专注执行，它是"心无旁骛，致力于业"，意味着以崇敬和严谨的态度面对职责，全力以赴，追求卓越，尽职尽责。一个具备高尚职业素养和敬业精神的个体，常怀敬畏之心，深爱其职，视工作为己任，展现出忠于职责、全力以赴、精进不息、始终如一的职业风范和品德。

2. 锻炼优秀的职业习惯

塑造卓越的职业道德和行为习惯始于自我，需要树立正确的价值导向，秉持诚信，践行敬业。

3. 从细微处着手

良好的职业品质并非一日之功，需从日常琐事中磨炼，通过持续的实践积淀，才能铸就坚实的职业根基。

最美劳动者

潘沈涵

潘沈涵，一位来自上海市城市建设工程学校（上海市园林学校）的杰出学生，用他的才华与努力，在世界技能大赛的舞台上书写了属于自己的辉煌篇章。

2017年，年仅18岁的潘沈涵在第44届世界技能大赛中，作为中国首位参赛的花艺项目选手，凭借精湛的技术和独特的审美，成功摘得了该项目的金牌，创造了中国在该赛事花艺项目上的历史。他的这一壮举，不仅是对自己多年努力的肯定，更是对中国职业教育的一次有力证明。

面对花艺这一传统上被视为女性主导的领域，潘沈涵没有退缩，反而将这份挑战视为自己前进的动力。他深知自己在细腻度上可能不如女性，但正是这份认知，让他更加刻苦地投入到训练中，不断提升自己的技艺水平。经过不懈的努力，他的花艺作品逐渐展现出独特的风格和魅力，最终在国际舞台上大放异彩。

潘沈涵的成功并非偶然，这是他多年坚持梦想、不懈努力的结果。他的故事告诉大家，无论起点高低，只要有梦想、有才华、有毅力，就一定能够在自己热爱的领域里取得卓越的成就。同时，他的成功也为中国职业教育树立了新的标杆，证明了职业学校同样能够培养出世界级的冠军和优秀人才。

如今，潘沈涵已经踏上了新的征程，他将继续深造学习，不断提升自己的专业素养和综合能力，为未来的职业发展奠定更加坚实的基础。在未来的日子里，他一定会在园林设计等领域创造出更多的辉煌成就，为中国职业教育增光添彩。

活动评价（见表9-4）

表9-4 反思精进——清理果园活动评价表

担任职务			
责任分工			
评价项目	评价主体		
	自我评价	组长评价	对方评价
劳动意识			
吃苦耐劳			
团队合作			
沟通协调			
责任担当			
改进措施			

注：活动评价表的填写可为等级评价形式。其中，A：优秀；B：良好；C：合格；D：不合格。

活动拓展

根据本次清理果园活动体验，设计并开展一次采果活动。

项目四

美食享用

活动 10　自制月饼

活动 11　制作酸奶

活动 12　点餐礼仪

活动10 自制月饼

活动目标

（1）培养做事时保持耐心、执着钻研、把握细节的习惯。
（2）了解工匠精神的基本内涵，在实践中努力学习和践行工匠精神。
（3）通过对月饼成品品相的分析，提高发现问题、分析问题、解决问题的能力。

活动准备

1. 培训学习

（1）组织全体学生学习自制月饼的流程，了解自制月饼的原料及工具使用方法，学习操作技巧，提高思想认识，端正学习态度，培养专注和耐心的品格。

自制月饼操作妙招

▲ 月饼皮与馅料的软硬度应和谐统一。月饼皮的质地至关重要，如果过软，在模具压制的过程中容易出现模具粘连的情况；反之，饼皮过硬则可能导致月饼在制作时脱皮，最终月饼的口感会变得干燥，且不易回油，极大地影响了月饼的品质和风味。

▲ 在饼皮的制作环节，要特别留意。务必保证油与糖浆充分交融之后，再掺入面粉。这样处理能够防止饼皮在后续过程中出现渗油的问题，从而保证饼皮的质量和口感。

▲ 脱模这一步骤同样不容忽视。力度的均匀把控是关键，避免反复操作。只需轻轻在侧面敲击，然后反面轻压，适量的模具干粉能够辅助脱模。然而，需要注意的是，模具干

粉的使用要适量,若用量过多则会影响成品的质量。

▲ 在烘焙蛋黄月饼时,宜选用生鸭蛋黄,烘烤时可使蛋黄的油脂能渗透至饼皮,丰富其口感。烘烤时间应根据月饼尺寸灵活调整,烘烤期间可随时检查月饼,以防烤焦。

▲ 月饼初具雏形后,轻刷一层薄薄的蛋黄液,注意切勿贪多,一次即可,使月饼表面色泽诱人。若希望提升月饼的香气,和面时可适量添加黄油,但需适量,过多可能导致月饼脱皮。

▲ 蛋黄月饼制作完成后,静置回油两至三天,以达到最佳的风味和口感。

(2)学习烘焙食品的分类。按照地域特色,可将烘焙食品分为中式点心和西式糕点两大类(见表10-1)。

表10-1 中式点心与西式糕点

分类	种类	示例	特点
中式点心	面粉制品	包子、馒头、饺子、油条	选料精细,花样繁多,讲究馅心,注重口味,成型技法多样,造型美观
	米类及米粉制品	八宝饭、汤圆、年糕、松糕	
	豆类及豆粉制品	绿豆糕、月饼、豌豆黄	
	杂粮及淀粉类制品	小窝头、黄米炸糕	
	其他原料制品	荔芋角、薯茸饼、南瓜饼	
西式糕点	蛋糕类	海绵蛋糕、戚风蛋糕	用料讲究,无论何种点心品种,其外皮、馅心、装饰、点缀等都有各自选料标准。各种原料之间都有适当的比例,而且大多数原料要求称量准确
	混酥类	蛋挞、苹果派、蛋黄酥	
	清酥类	蝴蝶酥、奶油角	
	面包类	发酵面包、吐司、牛角包	
	泡芙类	奶油泡芙	
	饼干类	曲奇饼干、夹心饼干	
	冷冻甜食类	布丁、冰激凌	
	巧克力类	酒心巧克力、动物模型巧克力	

（3）学习月饼的制作方法。月饼，如圆月一样圆满，寓意家人团圆，是古代中秋节祭拜月神的贡品，延传下来便形成了人们在中秋节吃月饼的习俗。下面是蛋黄豆沙月饼的具体制作方法。

蛋黄豆沙月饼的制作

原料：

面粉、鸭蛋黄、红豆沙馅、白糖浆、碱水、生油、鸡蛋。

制作方法：

（1）将白糖浆、碱水、生油、面粉融合到一起并和成面团。面粉、白糖浆、碱水、生油的比例为 25∶20∶7∶5。

（2）把和好的面团揪成大小相同的小面团，然后擀成面饼。

（3）将豆沙捏成小圆饼，包入鸭蛋黄后裹紧成馅团。

（4）将馅团包入擀好的面饼内，揉成面球。

（5）准备一个木制的月饼模具，放入少许干面粉，将包好馅的面球放入模具中，压紧、压平后再将其从模具中扣出。

（6）用鸭蛋调出蛋汁（使用3个蛋黄和1个全蛋），做好后待用。

（7）把月饼放入烤盘内，刷上一层调好的蛋汁再放入烤箱。

（8）烤箱的温度设置为180℃，烤20分钟左右，中间取出一次，再刷一遍蛋汁。

质量要求：

外形花纹清晰、饱满，饼腰微凸，饼面不凹缩，烤好的月饼没有毛边、爆裂、露馅，皮馅紧贴。月饼皮质松软，甜度适口，表皮亮润光滑，底部呈浅褐色为佳。

2. 事前联络

联系自制月饼场所，确定活动时间，确定参加人数、自制月饼活动内容和所需材料。

3. 分组分工

根据分组分工表（见表10-2）部署安排。

表 10-2 自制月饼活动分组分工表

组织设置	工作内容	岗位设置	岗位职责
领导小组	全面统筹自制月饼活动	组长：	负责制作过程中的监督检查、进度把控等
		副组长：	落实安全保障，协助组长管理，监督工作小组推进任务
工作小组 / 策划协调组	负责与学校安全主管部门进行工作报备及资格审批；负责了解、联络、确定自制月饼场所；负责根据场所条件，结合班级人数，合理进行人员分组。负责其他各工作小组的人员分配、组间人员的调配协商	小组长：	小组长负责落实本组工作内容执行、组员管理、组内分工、组间协调合作

组员服从组长管理，自觉遵守活动纪律，积极参与、团结协作 |
		组员：	
工作小组 / 宣传编辑组	负责活动宣传方案的拟定；宣传报的设计及制作；负责活动中的摄影、摄像及宣传资料收集；负责活动后期的对外宣传工作等	小组长：	
		组员：	
工作小组 / 后勤物资组	负责制作月饼材料资金的筹集；负责活动中学生的物资管理；负责物品采购、场地布置、交通工具的确定，以及活动结束后的收尾工作等	小组长：	
		组员：	
工作小组 / 安全保障组	拟定《安全承诺书》，并对全班学生进行安全培训，做到人人知晓；负责自制月饼活动过程中的安全隐患排查及监督	小组长：	
		组员：	

4. 注意事项

（1）安全须知：在烘焙流程中，务必严格遵守电气设备的操作规范。当烤箱接通电源后，请远离电热元件、烤箱内部、烤盘、烘焙筛及格子等高温区域。推拉烤盘时，请借助专业工具以避免烫伤。使用搅拌机等设备时，如遇到搅拌不均或异物混入等情况，务必先切断电源，待设备完全停止后再行操作。

（2）学习态度：在观摩教师示范操作时，请保持专注并详细记录每一个步骤，以便掌握制作流程和关键技巧。若条件允许，可以拍摄视频以便日后复习。

（3）健康提示：月饼虽然美味，但含有较高的油脂和糖分。过量食用可能会导致胃部不适、消化不良，甚至引发腹泻等问题。因此，请大家在品尝时务必适量。

（4）储存建议：月饼不宜放入冰箱保存，因为低温环境会导致月饼变硬且口感变差。最佳的储存方式是将月饼放置于室内阴凉干燥处，并注意储存时间不宜过长。对于散装月饼，建议在三至五天内食用完毕。而对于有独立包装的月饼，其保质期可适当延长至十几天。

（5）饮品搭配：在品尝月饼时，不建议搭配含糖量较高的汽水或果汁等饮料。相反，绿茶是一个不错的选择。它不仅能帮助消化，还能缓解月饼的油腻感。

5. 物资准备

（1）资金筹备。

（2）食材准备。

（3）自制月饼时的服装。

（4）制作活动的宣传横幅。

（5）摄影、摄像器材。

6. 场地准备

活动场地确定及布置。

活动步骤

1. 精心组织与细致落实

（1）在教室按时集合，分小组清点人数，安排各组小组长检查仪容仪表，再次强调安全注意事项。乘坐事前确定的交通工具前往目的地。

（2）到达目的地后按小组整队并在烘焙店工作人员指引下进入店内，到达活动指定区域，认真听取烘焙教师的指导，并在教师的指导下制作月饼。

（3）月饼成品完成后各小组拍照留念。整理活动区域，各组人员可将自己的作品打包带走。

2. 细数感动，反思精进——自制月饼活动主题班会

（1）各组小组长依次汇报活动体会。

（2）分析月饼品相不好的原因（见表10-3）。

表10-3　月饼品相不好的原因

现象	分析原因	改进措施
月饼出炉后饼皮容易脱落		
月饼出炉后塌陷		
月饼出炉后表面开裂		
月饼回油比较慢		
饼皮表面有小气泡		
月饼外观不正		
月饼皮馅分离		
其他		

（3）评价反思。

① 分组展开讨论，各组小组长代表本组进行自评，提出优点及不足，并提出改进措施。

② 其他小组依次进行自评和互评，提出优点及不足，并提出改进措施。

（4）班主任对本次自制月饼活动进行总体评价。

（5）学生填写活动感悟。

活动感悟（见表10-4）

表10-4 细数感动——自制月饼活动感悟

我的付出	
我的收获	
我的感悟	
活动剪影	（照片张贴处）

活动链接

工匠精神的基本内涵

工匠精神，这一词汇蕴含着深厚的职业追求与人格魅力，它是职业道德的升华，职业能力的巅峰，以及职业品质的极致展现。这种精神不仅是职业者对工作的执着与热爱，更是他们追求卓越的内心驱动力。

首先，敬业是工匠精神的基石。它源自对职业的深切敬畏与无尽热爱，这种情感促使工匠们全身心投入工作，无论面对何种挑战与困难，都能保持高度的责任心和使命感。

其次，精益是工匠精神的精髓。它代表着一种追求完美的态度，一种对细节极致的关注。工匠们深知，只有不断精益求精，力求达到尽善尽美的境界才能在激烈的竞争中脱颖而出。

再者，专注是工匠精神的灵魂。它要求工匠们在选定行业后，能够心无旁骛地扎根其中，用耐心、执着和坚持去积累优势、提升技能，在专注力的驱动下，发现潜在的机遇与挑战，从而在各自的领域内成为领军人物。

最后，创新是工匠精神的活力源泉。它鼓励工匠们勇于突破传统束缚、敢于尝试新方法、新技术和新思路。在创新的道路上，工匠们不断挑战自我、超越自我，以新思维、新发明和新描述推动行业的进步与发展。

总之，工匠精神是一种集敬业、精益、专注和创新于一体的职业精神。它不仅是工匠们职业生涯的指南针和动力源泉，更是这个时代最宝贵的精神财富之一。让我们共同学习、传承和发扬工匠精神，为实现个人价值和社会进步贡献自己的力量。

最美劳动者

陈 康

陈康，在黄果树旅游集团担任食堂管理员兼厨师，2020年被授予"全国劳动模范"称号。对于这份意外的荣誉，他显得既惊喜又谦逊，认为自己的成功秘诀在于对烹饪的热爱、不懈的勤奋以及持之以恒的坚持。

在过去的三十多年里，陈康从一名普通的学徒厨师，凭借着对烹饪艺术的执着追求，逐步成长为技艺超群的高级技师。即便是在身边许多人选择转行时，他依然坚守在厨房，用心烹饪每一道菜肴。他的厨艺得到了同事的认可，更在多次烹饪比赛中脱颖而出，赢得了包括中国西部国际精品菜肴暨美食文化展览会团体金奖等多个奖项，被誉为"中国烹饪大师"。

在工作中，陈康始终保持着创新的精神和严谨的态度。他不断尝试新的烹饪方法和食材搭配，提升菜品的口感和营养价值；同时，他也注重食堂的管理和卫生，确保员工们能够享受到安全、美味的餐食。他的这种工匠精神和对工作的热爱，深深地感染了身边的每一个人。

荣获全国劳模的称号后，陈康表示这是对自己过去努力的肯定，更是对未来工作的鞭策。他承诺将继续扎根于厨师这个岗位，做好每一件事，用自己的实际行动引领团队不断前行。同时，他也希望能够用自己的故事激励更多的年轻人投身到烹饪事业中来，共同传承和发扬中华美食文化。

劳动教育实践活动

📋 活动评价（见表10-5）

表10-5 反思精进——自制月饼活动评价表

担任职务			
责任分工			
评价项目	评价主体		
	自我评价	组长评价	对方评价
劳动意识			
吃苦耐劳			
团队合作			
沟通协调			
责任担当			
改进措施			

注：活动评价表的填写可为等级评价形式。其中，A：优秀；B：良好；C：合格；D：不合格。

📝 活动拓展

本次自制月饼活动结束后，学生可以将自己的作品分享给家人和朋友，还可以通过网络搜索其他类型的月饼制作方法，与家人一起制作月饼。

活动11　制作酸奶

活动目标

（1）引导学生认识乳酸菌，加深学生对食用菌的认识。
（2）了解生活中的科学，增强学生科学健康的意识。
（3）了解工匠精神的当代价值，践行爱岗敬业、精益求精的工匠精神。

活动准备

1. 培训学习

组织全体学生开展培训，了解酸奶的基础知识，掌握制作酸奶的基本步骤、方法，了解所需工具和注意事项。培养学生端正的劳动态度，在学习劳动技巧中领悟劳动的意义。

关于酸奶的常识

▲ 在丰富多彩的乳制品家族中，发酵乳与优酪乳无疑是备受瞩目的成员。它们实质上都归属于酸奶这一类别，然而，细微的差别却使它们各具风味。其差别主要体现在发酵菌种的不同及调配的配方。优酪乳这一名称，源于英文 yogurt 的直接音译。

▲ 酸奶的诞生过程，宛如一场精妙绝伦的科学实验。制作环节严谨有序，无须依赖增稠剂等添加剂，只需将乳酸菌放入纯净的牛奶或相关乳制品之中。随后，一场神奇的转变便悄然开启。经过一段时间的发酵，牛奶在微生物的作用下自然而然地发生转化。乳酸的生成是这一转变的关键，酸性环境如同一位神奇的魔法师，促使蛋白质分子的疏水区域聚

集。与此同时，乳糖、水分和脂肪也协同作用，共同塑造出酸奶那美味的浓稠质地，口感醇厚，丝滑细腻。

▲ 对于酸奶的食用时机，应充分考虑个体之间的差异。对于那些有体重管理需求的群体，在餐前享用酸奶是一个明智之选。因为酸奶所带来的饱腹感，能够有效地降低后续食物的摄取量，帮助他们更好地控制热量摄入。然而，对于消化系统较为敏感的个体，餐后食用酸奶或许更为妥当。这样可以减轻乳糖分解过程可能给肠胃带来的负担，在享受美味的同时，避免肠胃不适。

▲ 酸奶的价值不仅在于其美味的口感，更在于其丰富的营养价值。酸奶中富含的钙质能为骨骼健康提供重要支持，如同为建筑添砖加瓦一般。同时，其中的益生菌则如同守卫肠道健康的勇士，它们能有效调整肠道菌群平衡，增强人体免疫力，从而为健康筑起一道坚固的防线。

▲ 无论是在清晨唤醒新一天的活力，还是在午后缓解工作或学习带来的疲劳，抑或是在夜晚带来心灵的平静与满足，酸奶总能以其独特的方式发挥作用。无论是发酵乳的醇厚还是优酪乳的清爽，它们都能在我们舌尖中留下难忘的美好味道，成为我们生活中重要且甜美的调味品。

2. 场地准备

联系学校餐饮类实训室或活动教室，取得学校许可并确定活动时间。

3. 分组分工

根据分组分工表（见表 11-1）部署工作。

表 11-1　制作酸奶活动分组分工表

组织设置	工作内容	岗位设置	岗位职责
领导小组	全面领导制作酸奶活动	组长：	负责制作过程中的监督检查、进度把控等
		副组长：	落实安全保障，协助组长管理，监督工作小组推进任务
工作小组			
策划协调组	负责与学校实训主管部门进行工作报备及资格审批；负责联络、确定、活动地点；负责落实活动方案；负责其他各工作小组的人员分配、组间人员的调配协商	小组长：	小组长负责落实本组工作内容执行、组员管理、组内分工、组间协调 组员要服从组长管理，自觉遵守活动纪律，积极参与、团结协作
		组员：	
后勤物资组	根据制作酸奶所需要的工具准备好物品；设计并组织与小组之间的互动活动，并负责具体实施等	小组长：	
		组员：	
安全保障组	负责活动中的摄影、摄像及宣传资料收集；负责活动后期的对外宣传工作等	小组长：	
		组员：	
技术小组	负责活动资金筹集；负责活动中物资管理、物品采购、场地布置及活动结束后的收尾工作等	小组长：	
		组员：	
劳动小组	拟定《安全承诺书》，并对全班培训，做到人人知晓；负责制作酸奶过程中的安全隐患排查及监督	小组长：	
		组员：	

4. 安全事项

根据学校活动流程提前报备，向学校主管部门上报制作酸奶活动的安全预案；拟定《安全承诺书》并明确安全责任；对学生进行安全培训。

（1）设计安全预案，填写《制作酸奶活动安全预案申报表》（见表11-2）。

表 11-2　制作酸奶活动安全预案申报表

申报班级		部门负责人（签字）	
活动内容		活动地点	
活动时间		参与学生	
带队教师			
制作酸奶活动安全预案			
分管部门意见			
分管副校长意见			
校长意见			

（2）拟定《安全承诺书》，每位志愿者签字后留存。

（3）开展一次全体安全培训会议，做好会议记录并留存。

5. 物资准备

（1）发酵罐（如保鲜盒、保温杯或瓷杯等便于密封和保温的容器）。

（2）袋装纯牛奶或鲜奶。

(3) 市售原味酸奶（非灭活）或发酵菌。

(4) 白糖。

(5) 勺子（搅拌用）。

(6) 酸奶机。

6. 场地准备

活动场地确定及布置。

活动步骤

1. 制作酸奶

(1) 消毒：将酸奶机的发酵内胆、盖子和勺子用开水煮沸消毒（见图 11-1），待温度降到 40℃左右时，将袋装纯牛奶或鲜奶倒入发酵内胆中（见图 11-2）。

图 11-1　消毒

图 11-2　牛奶倒入发酵内胆

(2) 接种：倒入发酵菌和白糖（见图 11-3），发酵菌也可用原味酸奶代替，用勺子将其搅拌均匀直到全部融化（见图 11-4）。混匀后加盖密封，如果使用原味酸奶做发酵菌，它与牛奶的比例约为 1∶5 或 1∶10。

图 11-3　倒入发酵菌和白糖

图 11-4　搅拌均匀

（3）发酵：将发酵内胆置于酸奶机中，通电开始发酵（见图11-5）。如果是在温度比较高的夏季，在室温下就可以达到发酵的目的，在寒冷的冬季也可在暖气附近放置发酵罐，能达到同样的发酵效果。根据牛奶品质、温度等情况，通常情况下8～12小时就可以发酵完毕。

（4）保存：当发酵内胆中的酸奶呈现出半凝固，表面光滑白嫩状态，且表面没有淡黄色的透明液体，闻起来有奶香味时，就表明酸奶已经制作成功了，随后将酸奶装瓶或装罐，冷藏后饮用口味更佳（见图11-6）。自制酸奶的保质期为一个星期，三天内酸奶的活性乳酸菌最为丰富，在此之前饮用完毕为最佳。

图 11-5　发酵

图 11-6　保存酸奶

2. 细数感动、反思精进——制作酸奶活动主题班会

（1）组织各小组制作交流课件，分组汇报制作过程。

（2）评价反思。

① 分组展开讨论，各组小组长代表本组进行自评，总结本组在活动过程的优点和不足，提出改进措施。

② 其他小组依次对自评小组进行评价，指出优点及不足，提出改进建议。

（3）教师对本次制作酸奶活动进行总体评价。

（4）学生自行完成活动感悟。

活动感悟（见表11-3）

表11-3　细数感动——制作酸奶活动感悟

我的付出	
我的收获	
我的感悟	
活动剪影	（照片张贴处）

活动链接

工匠精神的当代价值

工匠精神，其内涵在于对工艺的极致追求和对质量的不懈坚守。它提倡的不仅仅是技术的精湛，更是一种对职业的尊重和热爱。工匠精神是推动经济高质量发展的关键动力。

对于职业院校学生来说，工匠精神更是职业生涯的指南针。学生的学习不应仅仅停留在理论，而应深入实践，追求技术的精进，培养对工作细节的敏锐洞察，以工匠精神驱动自我提升，这样将使你们在未来的职场竞争中脱颖而出。

劳动教育实践活动

最美劳动者

王　津

在北京故宫博物院的深处,隐藏着一位传奇人物——王津,这位故宫文物修复师,自1977年起便将自己的青春与热血倾注于那些古老而珍贵的钟表之中。近40年的光阴里,他不仅修复了近300件钟表,更是让这些沉睡的历史记忆重新焕发了生机。每一块钟表的修复,都是他对过往工匠精神的致敬,对文化遗产的珍视。

其中,最为人称道的便是他对"铜镀金乐箱水法双马驮钟"的修复。这座乾隆年间的杰作,高达122厘米,历经两百多年的风雨侵蚀,机芯老化,部件残缺。面对这样的挑战,王津没有退缩,他凭借着对文物修复的热爱,以及精湛的技艺,对这座机械宫殿进行了全面细致的修复。从拆卸、清洗、除锈到锉削,每一道工序都凝聚了他的心血与汗水。最终,这座古老的钟表在他的手中重现了昔日的神韵,与人们再次相遇。2018年,王津因其卓越贡献,当选国家级非物质文化遗产代表性项目代表性传承人。

王津的事迹,不仅仅是对钟表修复的精湛技艺的展现,更是对工匠精神的深刻诠释。他耐得住寂寞,守得住平凡,在漫长的从业生涯中,默默无闻地坚守着自己的岗位。他的心中,有着对文物的敬畏,对历史的尊重,更有着对艺术的热爱与追求。正是这种热爱与执着,让他能够在枯燥平淡的工作中找到乐趣,在漫长的文物修复过程中坚持不懈。

王津的故事,如同一曲悠扬的乐章,在人们的心中回荡。他用自己的行动证明了:只要有热爱,有坚守,就能在平凡中创造非凡。他是故宫的骄傲,更是我们这个时代的楷模。

美食享用 项目四

活动评价（见表11-4）

表11-4　反思精进——制作酸奶活动评价表

担任职务			
责任分工			
评价项目	评价主体		
	自我评价	组长评价	对方评价
劳动意识			
吃苦耐劳			
团队合作			
沟通协调			
责任担当			
改进措施			

注：活动评价表的填写可为等级评价形式。其中，A：优秀；B：良好；C：合格；D：不合格。

活动拓展

根据本次制作酸奶活动的体验，设计并开展一次不同味道的酸奶的制作活动。

活动12　点餐礼仪

活动目标

（1）体会中国饮食文化的博大精深，弘扬中国饮食文化。
（2）体会工匠精神与劳模精神、劳动精神的关系。
（3）感受服务性劳动的不易，培养勤俭、奉献的劳动精神。

活动准备

1. 培训学习

（1）学习点餐礼仪的原因。与家人、朋友一起外出吃饭，是增进亲情、友情的温馨瞬间，而点菜，这一看似微小的服务性劳动，实则蕴含着深厚的中华饮食智慧。你知道如何在菜单中挑选既营养均衡又美味的佳肴吗？怎样点菜才能既满足味蕾，又避免食物浪费呢？如何挑选出性价比高的菜品呢？

自古以来，"食"被视为生活之本，它不仅满足生活的基本需求，更承载着丰富的文化内涵。不妨从现在开始，积极投身到日常生活的点滴劳动中，无论是选择食材，还是亲自下厨，以行动展现对饮食文化的热爱和理解。从点菜这件小事做起，用心体验，用味蕾探索，让每一次聚餐都成为一场精彩的饮食艺术之旅！

（2）点餐妙招。学习点餐要旨，掌握中国传统用餐习惯，提高服务意识，亲历劳动过程，端正服务性劳动态度，掌握点菜技巧。

点餐要旨

▲ **饮食多元化**

饮食结构的丰富性至关重要,涵盖肉类、蛋品、水产品、主食、豆制品及各类蔬菜。在点餐时,应精心搭配,确保各类食物的均衡摄入。在选择同一类别菜肴时,建议多品种混搭,如肉类可选牛肉、鸭肉、鸡肉、鱼肉及猪肉,避免重复,以增加营养的多样性。

▲ **荤素兼顾**

营养均衡的餐饮应荤素兼顾。点菜时,推荐荤素比例为1:1或1:2。荤菜追求质量而非数量,素菜则需特别关注,绿叶蔬菜、橙黄蔬菜及浅色蔬菜等应相互搭配,打造营养的色彩盛宴。

▲ **清淡为主**

点菜时,可明确提出减少油盐的烹饪要求。倾向于选择蒸、煮、炖等健康烹饪方式的菜品,以降低油脂和盐分的摄入,维护健康饮食习惯。

(3)学习"中国八大菜系"。中国传统餐饮文化历史悠久,在发展过程中逐步形成了八大菜系(见表12-1)。

表12-1 中国八大菜系

菜系	特点	代表菜
川菜	麻辣鲜香,重油重盐,"一菜一格、百菜百味"	鱼香肉丝、宫保鸡丁、夫妻肺片、麻婆豆腐、回锅肉
粤菜	选料精细,原汁原味,清而不淡,鲜而不俗,嫩而不生,油而不腻	白切鸡、白灼虾、菜胆炖鱼翅、麒麟鲈鱼
淮扬(苏)菜	清淡为主,用料严谨,注重配色,讲究造型,四季有别	鸡汤煮干丝、凤尾虾、三套鸭、无锡肉骨头
鲁菜	中国历史最悠久、技法最丰富、难度最大、最见功力的菜系	泰山三美汤、奶汤鲫鱼、烧二冬、胶东四大温拌、糖醋里脊

劳动教育实践活动

续表

菜系	特点	代表菜
闽菜	以"香""味"见长，常用红糟调味、制汤	佛跳墙、福州鱼丸、漳州卤面、海蛎煎、面线糊
浙菜	菜式小巧玲珑，清俊逸秀，菜品鲜美滑嫩，脆软清爽	西湖醋鱼、东坡肉、赛蟹羹、家乡南肉、干炸响铃
湘菜	酱香味浓、调味尤重香辣，品种繁多，油重色浓，讲求实惠	剁椒鱼头、辣椒炒肉、湘西外婆菜、吉首酸肉、牛肉粉
徽菜	口味以鲜辣为主，擅长烧、炖、熏、蒸类的功夫菜	一品锅、刀板香、腌鲜臭鳜鱼、虎皮毛豆腐、问政山笋

（4）关注饮食安全。俗话说"病从口入"，强调了饮食安全的重要性。

① 从卫生角度来讲，需要注意：养成吃东西前洗手的习惯；餐具和食材要洗净，尤其是要生吃的瓜果。要做到不喝生水；不吃腐烂变质的食物，不吃不明野菜、野果，如毒蘑菇很难辨认。

② 从饮食习惯角度来讲，吃东西时不要狼吞虎咽，更不要在吃饭时相互追逐、打闹；一日三餐要定时定量，不要暴饮暴食。

③ 从选择餐馆角度来讲，不选择街头小摊贩，不点劣质食品和饮料。劣质食品和饮料往往卫生质量不合格，食用、饮用都会危害健康。

2. 确定餐别

如果选择在餐厅练习，要提前联系就餐餐厅，获得该餐厅菜单并确认用餐时间、用餐人数、年龄结构、男女比例、用餐喜好、饮食禁忌等。

如果选择在学校练习，可选学校食堂、餐饮实训室等模拟餐厅完成活动。

3. 区别种类

根据婚宴、寿宴、儿童餐、商务餐、同学会、生日宴等不同的餐饮需求合理点菜。

4. 餐前准备

提前熟悉就餐餐厅的基本情况，将餐厅的名称、位置、包房房号、就餐时间等信息提前告知所有就餐客人，做好客人出行规划，安排统一接送或自行前往。

5. 物资准备

（1）餐厅菜单（如在学校练习需提前准备）。

（2）点菜工具（纸笔或手机、平板电脑等智能点菜设备）。
（3）餐厅环境（真实餐厅或模拟餐厅）。

活动步骤

1. 分组分工模拟

（1）将全班学生分成 4~10 人一组的小组，共分 4~6 组。
（2）安排学生在学校的模拟餐厅（学校食堂、餐饮实训室、教室等）完成本次活动，或者让学生利用周末或节假日和家人一起完成。
（3）每组学生可分别模拟婚宴、生日宴、商务餐、便餐等场景，就餐人数自行确定。
（4）根据提供的菜谱和餐别开始点菜。

2. 熟悉点菜程序

（1）乘坐不同的交通工具，前往就餐地点。
（2）接受迎宾引位，选择大厅或包房后进入餐厅。
（3）根据客人身份、年龄、性别等安排座位，注意座次礼仪。就餐人数决定点菜量（注意节约），年龄和性别决定饮食习惯。客人到齐后安排客人落座喝茶。
（4）接过服务员递送的纸质菜单、电子点菜单，或通过扫描二维码进入点菜页面，在服务员的推荐下或按自己意愿选择菜品、小吃、酒水饮料等，服务员确认后，完成点菜。

3. 掌握点菜技巧

（1）主动点菜。
在餐桌礼仪中，主动承担点菜任务是一种体贴的表现。请主动接过菜单，精心规划餐食，以满足大家的需求。
（2）平衡口味。
"众口难调"是常理，但作为点菜者，应尽力实现各种口味的平衡。建议咸味菜品占 50%，以其基础的口感满足大众；辣味菜品占 30%，因其刺激食欲，普遍受欢迎；10%的特色菜品以满足独特口味；同时，搭配适量的凉菜、小吃和甜点。
（3）均衡食材。
在海鲜中，选择如鱼、虾、蟹一类的代表菜品；在肉类中，确保鸡、鸭、鱼、肉至少两种；再配以时令蔬菜，确保口感清新，适应各年龄段的口味。

（4）凸显菜系特色。

点菜时，要心中有全局，主要菜系的菜品应占一半，以符合大众喜好；另一半菜品则可探索不同风味，尽量涵盖广泛口味。如果是亲朋好友聚餐，且无特殊饮食禁忌，不妨尝试餐厅的招牌佳肴。

（5）丰富烹饪技法。

所点菜品应涵盖"煎、炸、蒸、炒、煮、烧、焖、烤、焗、烩"等多种烹饪方式，力求在视觉和味觉上都带来丰富的享受。

4. 遵循点菜顺序

中餐在中国的餐饮文化中，上菜的礼仪非常讲究，通常遵循以下顺序：

（1）凉菜环节。凉菜，如冷拼或花拼，有时以特色烧味作为开场，它们以其清爽的口感和精美的摆盘，为整个用餐过程奠定了一个良好的开始。

（2）热炒环节。热炒的技法多样，包括滑炒、软炒、干炸、爆、烩、烧、蒸、浇、扒等多种方式。建议在这一环节挑选体现地方风味或餐厅招牌的佳肴，尽情享受。

（3）大菜环节。大菜通常指的是以整只、整块、整条的食材做成的菜品。大菜并非每餐必备。

（4）汤品环节。汤品可甜可咸，如冰糖莲子羹、银耳甜汤等甜汤，都能为用餐过程带来口感的丰富变化。

（5）面点环节。面点可以是小吃，如糕、饼、团、粉等，也可以是包子、饺子、米饭等主食。这一环节的选择多样，能够满足不同人的口味需求。

（6）水果收尾。水果是饭后爽口解腻的好选择，也可以作为餐前的开胃选择。它们不仅美味可口，还能为整个用餐过程画上一个圆满的句号。

然而，需要特别提醒的是，点菜顺序并非一成不变。由于地方风俗和饮食习惯的差异，各地的点菜顺序也会有所不同。因此，在点餐时，最好根据当地的习俗和餐厅的规定来选择合适的菜品和顺序。

5. 注意点菜原则

（1）要清楚自己生活的城市的餐厅档次。

（2）提前到餐厅去订好房间，熟悉菜单、了解价位。

（3）根据客人的身份和口味等，选择不同地段、不同档次的餐厅，招待重要客人一定要提前预订餐厅，选择包房或观景好的座位。

活动感悟（见表12-2）

表12-2　细数感动——点餐礼仪活动感悟

我的付出	
我的收获	
我的感悟	
活动剪影	（照片张贴处）

活动链接

工匠精神与劳模精神、劳动精神的关系

劳模精神，生动体现了以爱国主义为核心的民族精神和以改革创新为核心的时代精神，是驱动我国工人阶级和劳动群众在面对风险与干扰时保持坚韧不拔，坚定走在中国特色社会主义道路上的强大力量源泉。

劳动精神，体现为劳动者在追求美好生活劳动过程中的敬业态度、理念及其精神风貌，

它倡导全社会对劳动的尊重、崇尚和热爱，同时彰显在劳动者身上表现为勤奋劳动、诚信劳动和创新劳动的实践行为。

　　劳模精神与劳动精神之间是部分与整体的辩证统一，前者是后者中的卓越典范；劳模精神与工匠精神则如同外在推动力与内在驱动力的交织，而劳动精神与工匠精神则表现为普遍性与特殊性的相辅相成。

最美劳动者

李素丽

李素丽，一个平凡的名字，却在北京的公交系统中铸就了非凡的传奇。1962年出生于北京的她，自小便在父亲的公交司机工作中耳濡目染，对公交车有着不解之缘。19岁那年，虽然未能如愿进入大学，但她却在父亲的影响下，踏入了北京市公交总公司的大门，成了一名60路公交车的售票员。

在日复一日、年复一年的售票工作中，李素丽逐渐展现出了她的非凡之处。她不仅熟悉每一条公交线路，更熟悉每一位乘客的心。她深知，每一位乘客都有自己独特的需求和期望，因此，她始终坚持以乘客为中心，提供个性化的服务。无论是为老人找座位，为儿童讲解乘车安全，还是为外地乘客指路解惑，她都做得无微不至，让人如沐春风。

为了更好地服务乘客，李素丽还不断学习新知识、新技能。她自学英语和哑语，以便与不同需求的乘客交流；她研究心理学，以便更好地理解乘客的心态和需求；她深入调查公交线路的地理环境，以便为乘客提供更准确的指引。她的这些努力，不仅让她的服务更加贴心、周到，也让她的工作更加得心应手、游刃有余。

李素丽的事迹在公交系统中广为流传，她成了无数同事学习的榜样。她用自己的实际行动诠释了公交行业的精神——一心为乘客，服务最光荣。她的笑容、她的声音、她的服务都深深地印在了乘客的心中成了他们难以忘怀的记忆。

李素丽的事迹激励着一代又一代的公交人不断前行、不断追求卓越，她用自己的经历告诉我们：无论身处何种岗位，只要我们用心去做、用爱去奉献，就一定能够创造出属于自己的辉煌人生！

劳动教育实践活动

📋 活动评价（见表12-3）

表12-3　反思精进——点餐礼仪活动评价表

担任职务			
责任分工			
评价项目	评价主体		
	自我评价	组长评价	对方评价
劳动意识			
吃苦耐劳			
团队合作			
沟通协调			
责任担当			
改进措施			

注：活动评价表的填写可为等级评价形式。其中，A：优秀；B：良好；C：合格；D：不合格。

📝 活动拓展

本次点餐礼仪活动体验结束后，可将本次点菜的菜单设计成创意手写菜单并拍照保存，创造机会多与家人、朋友一起就餐，每次就餐时主动点菜，不断锻炼自己的点菜技巧。

项目五

技艺磨炼

活动 13　体味陶艺

活动 14　雕刻石材

活动 15　直播营销

活动13　体味陶艺

🏆 活动目标

（1）感受劳动创造的喜悦，塑造学生的刻苦精神与独立思考的素养。
（2）研习陶艺的奥秘，让学生团队协作，进行作品的构思与塑造。
（3）激发设计思维，培养创新意识，以此提升学生的审美。

📋 活动准备

1. 课前准备

（1）深度动员：在启动学生劳动教育之前，引导学生深化对劳动价值的理解，激发他们积极的学习态度，精进劳动技能，同时塑造尊重劳动的优良品质。

（2）明确目标：提升对创新劳动的领悟，认识到它不仅是体力的付出，更是智慧与创新的交融。因此，不仅要以正确的态度面对劳动，更要敢于开放思维，勇于在实践中探索，通过不断地尝试和实践提升劳动技艺。

（3）知识准备：教师引导学生在规定期限内，利用网络资源和专业书籍，搜集花卉器皿和陶艺的相关资料，同时调整心态，为迎接创新性的劳动挑战做好充分的知识准备。

（4）组织准备：活动期间，教师会依据学生人数配置辅导教师，鉴于互动性极强，主讲教师与辅导教师需默契配合。教师会在课程开始前，依据学生特点进行小组划分，每组人数限定为4人，同时提前指定小组长，以确保活动的高效进行。

2. 材料准备

（1）陶泥（按每个学生两包进行准备，如无陶泥可以用轻黏土材料进行替换）。

（2）陶艺工具（按每两组一套进行准备）：水桶、海绵、擀泥杖、压花工具，以上材料和工具可按实际需要进行配置。

（3）拉坯机配置情况根据学校实际情况而定，泥塑操作台视场地布置情况而定，雕塑转台按每组一套进行准备。

（4）设计用的草图纸、笔、橡皮等工具。

认识陶艺

陶瓷艺术是一门源远流长的综合艺术，其发展过程复杂且多样化。自 20 世纪 80 年代中后期起，西方现代艺术的渗透对中国陶瓷艺术产生了显著影响，推动了"陶艺"这一概念的流行。

陶艺的主要制作方法有拉坯成型、泥板成型、泥塑成型、泥条盘筑、捏塑、素坯彩绘等。

拉坯成型是一种传统且常用的技法，通过拉坯机的旋转力量将泥料塑造成型。这种技法历史悠久，被广泛应用于古代陶瓷制作中，并在现代陶艺中继续得到发展和创新。

泥板成型则是另一种重要的技法，它利用泥板构建作品的完整表面，成型速度较快。然而，泥板成型对技术要求较高，需要艺术家熟练掌握泥板制作技巧。在中国，江苏宜兴的紫砂器物就是泥板成型技艺的杰出代表。

泥塑成型是一种实心成型的技法，艺术家通过手工塑造泥料，创作出具有原始艺术表现力的作品。这种技法能够保留泥料的原始质感和创作痕迹，使作品充满个性。

泥条盘筑则是通过泥条来堆砌和塑造作品的技法。艺术家需要掌握泥条的制作和盘筑技巧，以确保作品在构建过程中不会开裂。泥条盘筑的作品通常具有古朴流畅的特点，展现出独特的艺术魅力。

此外，捏塑和素坯彩绘也是陶艺制作中常用的技法。捏塑通过手工捏制小件陶艺作品，如玩具等；而素坯彩绘则是在素烧的器物上绘制图案，增加作品的美感和艺术性。

这些技法共同构成了陶瓷艺术的丰富多彩，使得陶瓷作品不仅具有实用价值，更成了艺术品和文化遗产。

3. 安全事项

（1）考虑到学生在操作过程中会接触刻刀、雕塑刀、美工刀等工具，在操作前教师应对工具使用方法做示范并说明使用要求，特别要强调操作的安全性。

（2）如在专业的陶艺制作室进行操作，请注意拉坯机等专业陶艺设备的使用必须在教师的示范及指导下进行，切忌学生自行操作设备，尽量避免由于操作不当而引发安全事故。

（3）拟定《安全承诺书》并明确安全责任；对学生进行安全培训。设计安全预案（见表 13-1），填写《体味陶艺活动安全预案申请表》（见表 13-1），并留存。开展安全培训会议，做好会议记录，并留存。

表 13-1　体味陶艺活动安全预案申报表

申报班级		部门负责人（签字）	
活动内容		活动地点	
活动时间		参与学生	
带队教师			
体味陶艺活动安全预案			
分管部门意见			
分管副校长意见			
校长意见			

4. 场地准备

确定活动场地及进行布置。

活动步骤

1. 感悟创意劳动之美，激发学生劳动兴趣

通过活动，让学生感受创意劳动的意义，感悟创意劳动的价值，并激发学生对创意劳动的兴趣，鼓励学生大胆地进行活动。在活动中思考，在动手中提高。

2. 发布创意任务，探究完成设计

（1）教师发布陶艺作品的设计与制作任务，并提供部分花器照片给学生进行参考，在现场根据参考图片进行花器再设计的示范。

（2）学生可能没有绘画基础，教师可鼓励学生集思广益，只要能画出基本的线稿，表达自己的想法就可以了。

（3）主讲教师与辅导教师一起对学生进行辅导，必要时候可以对学生的设计进行修改。

3. 讲解陶艺基本成型技巧，尝试完成花器设计

（1）由教师讲解捏塑、泥条盘筑、泥板成型三种基本的陶艺成型技巧（见图13-1～图13-3），并进行示范。

图 13-1　捏塑

图 13-2　泥条盘筑

劳动教育实践活动

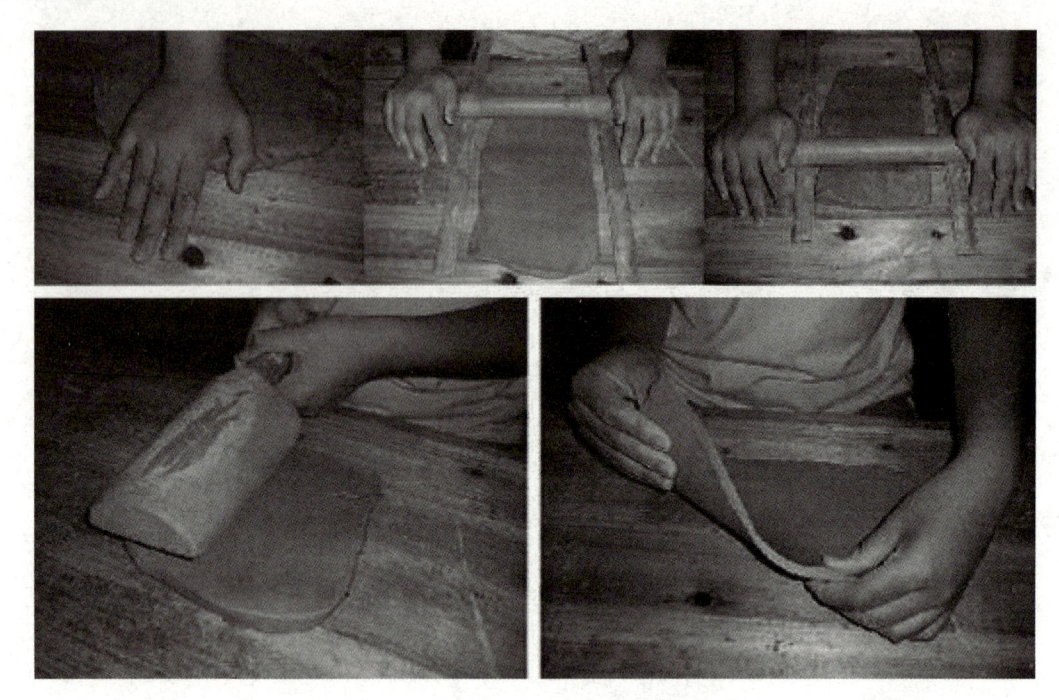

图 13-3　泥板成型

（2）教师根据学生设计的草图引导学生选择相应的成型方法进行制作。

（3）学生分组进行制作。由主讲教师与辅导教师进行辅导，并在必要时可亲自动手帮助学生进行调整。

4. 细数感动、反思精进——体味陶艺活动主题班会

（1）每组小组长对本组作品的创意进行说明，展示本组学生的想法和设计思路。

（2）学生根据展示的作品对作品进行评价（评价表需提前准备好）。

（3）教师对学生作品点评并再次强调劳动教育的意义。让学生在活动中增强对劳动教育的认识，提升学生对创意劳动的热情，开拓学生的思维。

（4）学生自行完成活动感悟。

活动感悟（见表 13-2）

表 13-2　细数感动——体味陶艺活动感悟

我的付出	

续表

我的收获	
我的感悟	
活动剪影	（照片张贴处）

活动链接

大力弘扬工匠精神

随着时代的演进和社会的繁荣，某些传统工艺因无法与现代生活节奏契合而渐行渐远，然而，那份执着的工匠精神却在岁月长河中熠熠生辉，未曾消逝。古时的木匠，以无钉之术构筑稳固的屋舍，他们依靠的是对榫卯工艺的精湛传承，是他们对技艺的卓越追求和对品质的不懈坚持。这种精神，便是我们应继承的工匠精神。在景德镇，千年的窑火燃烧不息，陶艺家在历史的基石上不断革新，塑造了景德镇陶瓷的独特魅力，也孕育了一批批杰出的陶艺工匠。我们的祖先早已深谙工匠精神，而在新的时代篇章中，我们更需弘扬这一精神。

在我们的生活中，有一群人，他们坚韧不拔，坚守岗位，对工作精雕细琢，展现出精益求精的匠心。有巫漪丽，一生钟情于钢琴，甘于清贫；有信恒均，潜心21年，从普通工匠成长为"土专家"的铁轨工匠；还有王津，10年的沉思，2年的修复，让古钟重焕光彩。他们，都是工匠精神的鲜活载体。今天，我们向他们致敬，学习他们的执着与专注，精益求精的匠人精神。

劳动教育实践活动

　　作为职业院校的学子，我们应秉持工匠精神，对专业学习投入热忱，刻苦钻研，实习时勤奋工作，积极进取。我们要追求工匠的极致精神，做事一丝不苟，用心做好每一份工作。更要学习工匠的专注，将专业之事作为事业，培养专注与敬业的品质。同时，也要借鉴工匠的创新精神，既尊重传统，又勇于创新，敢于尝试，这同样是值得我们学习的宝贵品质。

最美劳动者

李 人 帡

  李人帡（píng），广西钦州坭兴陶艺有限公司高级工艺美术师，一位荣获"中国陶瓷艺术大师""全国劳动模范"称号的卓越艺术家。生于钦州，长于钦州，他对坭兴陶的热爱如同故乡的泥土一样深沉。1973年，他以雕刻学徒的身份踏入钦州坭兴陶工艺厂，仅仅一年，他的才华便得以充分展现，顺利完成了学徒生涯。

  1984年，面对一项看似不可能的任务，李人帡与他的团队展现了无畏的勇气。美国的一份特殊订单，要求在短短三个月内制作30万件工艺繁复、细节精巧的"神鸟"陶品，众多厂家望而却步。然而，李人帡和他的团队接下了这个挑战，经过昼夜不息的研究与尝试，克服了材料的局限，最终成功塑造出栩栩如生的"神鸟"模型，如期交付，赢得了国际赞誉。

  当钦州坭兴陶工艺厂停产时，李人帡并未退缩，他与志同道合的伙伴保护了生产设备，继续潜心陶艺，勇攀科研高峰。2000年，他创立了陶艺公司，以革新者的姿态引领钦州坭兴陶的复兴。他推动烧制技术的创新，引进现代化企业管理，培育品牌，使坭兴陶产业走向规模化、品牌化、产业化和现代化。

  李人帡深谙传承之道，他慷慨地分享自己的丰富经验，亲自教导徒弟，还在校内授课，引领学生实践。他的每一次创作，都是对这项古老艺术的深情告白，他的一生，就是一段关于钦州坭兴陶的传奇篇章。

劳动教育实践活动

📋 **活动评价**（见表13-3）

表13-3　反思精进——体味陶艺活动评价表

担任职务			
责任分工			
评价项目	评价主体		
	自我评价	组长评价	对方评价
劳动意识			
吃苦耐劳			
团队合作			
沟通协调			
责任担当			
改进措施			

注：活动评价表的填写可为等级评价形式。其中，A：优秀；B：良好；C：合格；D：不合格。

📝 **活动拓展**

通过本次体味陶艺的活动，自己设计一个笔筒，并尝试使用轻黏土手工制作完成。

活动14　雕刻石材

活动目标

（1）体验雕刻石材的过程，学习石雕作品中体现的匠人精神，激发创新欲望。
（2）懂得创意与生活息息相关的道理，并体会创新创业的意义。
（3）养成独立思考的习惯，促进自我个性化发展。

活动准备

1. 了解石材

了解石材的分类，学会根据活动内容选择石材。

雕刻石材的类别

在石雕与石刻的艺术领域中，几种主要的石材各具特色。

首先，花岗石以其独特的物理和化学特性脱颖而出。其结构致密，抗压强度高，吸水率低，表面硬度大，化学稳定性好，耐久性强。这些特点使得花岗石成为装饰板材和艺术雕刻的优选石材。然而，需要注意的是，花岗石的耐火性较差。

其次，大理石也是石雕与石刻领域中的重要石材。大理石不易变形，刚性好，硬度高，耐磨性强，且受温度影响时变形极小。这些优点使得大理石在建筑物的墙面、地面等装饰中得到广泛应用。同时，大理石也是制作工艺美术品的优质原材料。

再次，青石以其朴实无华的质感在铺路石板中占据重要地位。此外，青石也是石

劳动教育实践活动

雕与石刻作品的常用石材之一。在本次石雕与石刻的体验活动中，选用了青石作为创作材料。

最后，红砂石作为一种特色石材，在石雕创作中也有着独特的地位。红砂石不仅具有美观的色泽和纹理，还具备防潮和吸收噪声的功能。这使得红砂石在艺术创作中具备了更广泛的应用价值。

2. 了解雕刻石材的工艺方法

通过教师讲解，认真学习石雕与石刻的工艺方法。

雕刻石材的工艺方法

圆雕：以镂空技法和精细剁斧为主要特点，通过雕刻单一石块或多块石料组合，创造出具有三维立体感的艺术形象。

浮雕：是指在石料表面雕刻出具有立体感的图像，这些图像浮凸于石面之上，呈现出半立体的效果，是装饰性雕塑的一种形式，广泛应用于建筑物的墙壁装饰。

沉雕：又称"线雕"，是一种采用"水磨沉花"雕法的艺术形式，它吸收了中国画与意、重叠、线条造型、散点透视等传统笔法，通过雕刻线条的深浅变化来展现艺术效果，多用于建筑物的外壁表面装饰，具有极强的艺术性。

壁雕：特指在平板材料上通过雕刻手法创造出凹凸起伏的立体形象，使作品脱离原有平面的限制，通过压缩处理和对象的透视表现来展现三维空间感，供一面或两面观赏。

透雕：主要包含两种形式。一种是在浮雕的基础上，通过镂空背景部分来增强立体感；另一种则是介于圆雕与浮雕之间的特殊形式，也称凹雕，其特点在于背景与主体之间的空间关系更为复杂。

影雕：是一种基于"针黑白"工艺发展而来的新型雕塑艺术，它以照片为创作依据，通过精细的雕刻技艺在材料上再现照片的影像效果，因此得名"影雕"。

3. 了解雕刻石材工具（见图 14-1）

图 14-1 雕刻石材工具

（1）尺子、铅笔：用于将设计图纸按比例绘制到石材上。

（2）刷子：可将雕刻下来的石头碎渣清除干净。

（3）凿子：不同形状、大小的凿子可用于不同线条的雕刻。

（4）手锤：与凿子配合，按照图纸在石板上进行雕刻。

（5）砂纸：完成粗雕之后，可用砂纸进行细致打磨。

4. 了解雕刻石材的手法

雕刻手法：一手握住凿子，一手握住手锤，双手配合进行雕刻（见图 14-2）。

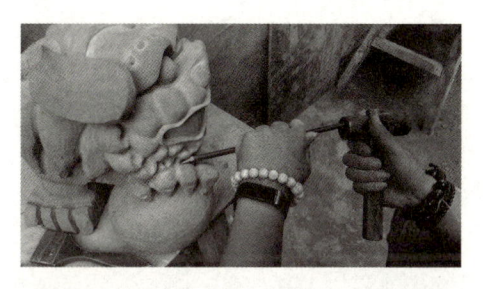

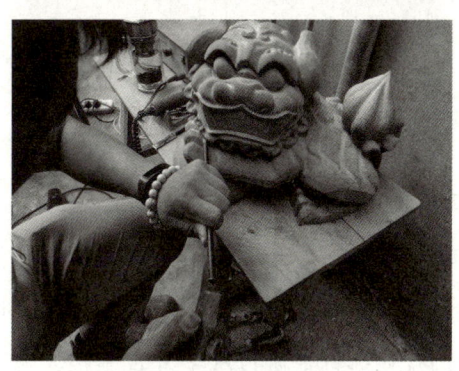

图 14-2 雕刻手法

注意：

（1）凿子头不能面向自己。

（2）雕刻石头时，手要斜向下握住凿子。

（3）使用手锤时，可将手锤上部掌控住，以便于操作并防止锤到自己的手指。

5. 分小组选举小组长

（1）分小组选小组长，每 6 人一组。

（2）小组长职责：负责落实本组工作内容执行、组员管理、组内分工、组间协调合作等。

（3）组员职责：服从小组长管理，自觉遵守活动纪律，积极参与、团结协作。

6. 查找英雄事迹

活动前，每小组至少准备 3 个英雄事迹。由小组长分配任务，组员积极配合准备。

7. 物资准备

（1）资金筹备。

（2）统一服装。

（3）石雕、石刻使用的工具、石材。

（4）摄影、摄像器材。

8. 场地准备

确定活动场地并对场地进行布置。

活动步骤

1. 精心组织与细致落实

（1）以小组为单位分享英雄事迹。

（2）根据自己对英雄事迹的体会，设计图纸。

（3）将设计出来的图纸，根据石材大小，按比例描绘到石材上。

（4）粗雕。根据设计进行粗雕，雕制过程中及时调整、修正设计方案。

（5）细雕。在粗雕的基础上深入雕刻，使作品基本成型。

（6）精雕、打磨。雕刻作品的细节，使作品更加出彩。

2. 细数感动、反思精进——雕刻石材活动主题班会

（1）小组长依次汇报本次活动的体会，在讲解中回忆美好时光。

（2）评价反思。

① 分组展开讨论，小组长代表本组进行自评，指出优点及不足，并提出改进措施。

② 其他小组依次对自评小组进行评价，指出优点及不足，并提出改进建议。

（3）班主任对本次活动进行总体评价。

（4）学生自行完成活动感悟。

活动感悟（见表14-1）

表14-1　细数感动——雕刻石材活动感悟

我的付出	
我的收获	
我的感悟	
活动剪影	（照片张贴处）

劳动教育实践活动

活动链接

创新与创业

　　创新启迪未来，创业铸就梦想之翼。在这个日新月异的时代，创新创业不仅是经济发展的重要驱动力，更是个人价值实现与提升的关键途径。它催生了新业态、新经济、新模式、新职业，如同一股清新的春风，引领着社会走向更加繁荣的明天。这股力量赋予了自我价值以深度和广度，让每一个有梦想的人都能够在其中找到自己的舞台，展现自己的才华和潜力。

　　作为职业院校的学生，正处于这样一个充满机遇与挑战的时代。为了抓住机遇，迎接挑战，应该注重培养自己的动手能力，多参与劳动教育活动和手工操作活动，以锻炼自己的实践技能。同时，还要注重提高文化水平，能够自学创新知识，积极探索未知领域。更重要的是，要塑造健全的价值观，重视精神教育，明确社会责任，提前树立远大理想。只有这样，才能在未来的创业道路上，做到踏实做事，勇于担当，不断弘扬"敢为人先、追求创新、百折不挠"的创业精神，为实现自己的梦想而不懈奋斗。

最美劳动者

郑 权

郑权，黄山职业技术学院2017级雕刻艺术设计专业的杰出学子，生于安徽宿州，这片徽雕艺术的沃土孕育了他对雕刻艺术的炽热情感，他痴迷于雕刻艺术的魔力，能将寻常石头化为艺术瑰宝。

2017年，郑权踏入黄山职业技术学院的校门，不久便在建筑石雕项目集训队的选拔中崭露头角。同年11月，他脱颖而出，成为市级集训队的一员。接下来的一年，他投身于封闭式集训，日复一日，百炼成钢，雕刻技艺在无数次的打磨中日益精进。训练的艰辛，犹如雕刻刀在石头上留下的每一道痕迹，磨砺着他的毅力和耐力。他沉醉于9平方米的工作室，与石共舞，乐此不疲。这份坚韧不拔使他一路过关斩将，连续荣获安徽省、全国选拔赛的冠军。2018年6月，他荣登国家集训队，成为备受瞩目的"明日之星"。

进入国家集训队后，郑权面对更严苛的挑战，他主动申请延长训练时间，从7小时到12小时，日复一日地精进，让他的雕刻技艺炉火纯青，自信心亦随之提升。在国家集训队的考核中，他以优异的表现摘得桂冠，赢得了代表中国参加第45届世界技能大赛建筑石雕项目的荣誉。

厚积薄发，2019年8月，郑权在俄罗斯喀山第45届世界技能大赛的舞台上，以其出神入化的雕刻技艺震撼了评委，一举夺得金牌，填补了我国在该项目上的金牌空白，他的辉煌成就为职业院校学子树立了光辉的榜样。

劳动教育实践活动

活动评价（见表14-2）

表14-2　反思精进——雕刻石材活动评价表

担任职务			
责任分工			
评价项目	评价主体		
	自我评价	组长评价	对方评价
劳动意识			
吃苦耐劳			
团队合作			
沟通协调			
责任担当			
改进措施			

注：活动评价表的填写可为等级评价形式。其中，A：优秀；B：良好；C：合格；D：不合格。

活动拓展

根据本次活动的体验，设计并开展一次以"我最敬爱的爸爸妈妈"为主题的石材雕刻体验活动。

活动15　直播营销

活动目标

（1）了解本地特色产品，熟悉其发展历史和制作工艺。
（2）在实践中体会劳动的艰辛，收获劳动创造价值的喜悦。
（3）利用身边的资源，寻求创新创业的方法，培养创新创业的意识。

活动准备

1. 培训学习

（1）集思广益。

选择最能体现本地特色的商品，梳理其发展历史，熟悉制作工艺，学习行业代表人物的先进事迹。

营销选品技巧

产品差异化优势：产品的独特性是其在竞争激烈的市场中树立独特地位的关键，它应当能触动用户的感官，映射出地方文化的独特韵味。因此，优先选择那些最具本土特色、能展现独特性的商品至关重要。

高价值与持续购买：直播销售并非一锤子买卖，产品实质是内容、体验和服务的融合。应挑选具有高性价比的商品，通过优化体验和服务，驱动用户的复购行为，进而提升销售的持续性和总额。

深度认知：深入探究产品的本质，了解其历史背景和制作工艺，以便能自信而流畅地向客户传递产品的核心价值。

先行体验：在直播推销前，亲自试用产品，理解其使用感受，确保在直播中能真实、精确地分享给观众，增强购买说服力。

（2）学习直播营销技巧。

① 选择直播平台。

② 学习直播语言。

描述方式："产品特征+产品优势+粉丝利益+赋予情感"。

产品特征：可以使用陈述句，对产品比较独特的成分或功能进行说明。

产品优势：基于产品特征，站在产品角度阐述其优势。

用户利益：基于产品优势，站在用户角度阐述用户利益。

赋予情感：体现更高的同理心，与用户情感达成共鸣。

2. 事前联络

联系产品经销商，取得对方信任后获取网络店铺地址，了解产品质量、产品价格、发货周期、运费、质保等相关问题，商讨用于直播的促销活动，申请用于直播销售活动的样品。

3. 分组分工

根据分组分工表（见表15-1）部署安排工作。

表 15-1　直播营销活动分组分工表

组织设置		工作内容	岗位设置	岗位职责
领导小组		全面统筹直播营销活动	组长：	负责活动中的监督检查、进度把控等
			副组长：	落实安全保障，协助组长管理、监督工作小组推进任务
工作小组	策划协调组	负责与学校学生活动主管部门进行工作报备及资格审批；负责与经销商联系、了解情况等；根据产品特性并结合班级特色、专业特色确定直播方案；选择直播平台；负责其他各工作小组的人员分配、组间人员的调配与协商；负责统计直播活动中的各项数据	小组长：	小组长：负责落实本组工作内容执行、组员管理、组内分工、组间协调合作 组员：服从组长管理，自觉遵守活动纪律，积极参与，团结协作
			组员：	
	主播组	推选善于表达的学生做主播，并进行直播培训。每位主播配备一名助理	小组长：	
			组员：	
	宣传组	负责活动宣传方案的拟定；负责直播推送、宣传报的设计及制作；负责活动准备期间参与人员的思想引导；负责直播期间的对外宣传；负责活动中的摄影、摄像，并收集宣传资料；负责活动后期的对外宣传工作等	小组长：	
			组员：	
	后勤物资组	负责提前申请直播样品；负责直播活动中的物资管理、场地布置、样品退还及活动结束后的收尾工作等	小组长：	
			组员：	
	安全保障组	拟定直播过程《安全承诺书》，并组织全班学生进行安全培训，做到人人知晓；负责直播过程中的安全隐患排查及监督	小组长：	
			组员：	

4. 安全事项

根据学校流程提前报备，向学校主管部门上报直播营销活动安全预案；拟定《安全承诺书》以明确安全责任，对全班学生进行安全培训。

（1）设计安全预案，填写《直播营销活动安全预案申报表》（见表 15-2）。

表 15-2　直播营销活动安全预案申报表

申报班级		部门负责人（签字）	
活动内容		活动地点	
活动时间		参与学生	
带队教师			
直播营销活动安全预案			
分管部门意见			
分管副校长意见			
校长意见			

（2）拟定《安全承诺书》，每位直播活动参与者签字并留存。

（3）开展一次全体安全培训会议，做好会议记录并留存。

5. 物资准备

（1）准备要直播的产品的样品。

（2）统一服装。

（3）制作用于直播背景图的产品海报。

（4）准备手机支架、补光灯（可用手机电筒代替）、产品陈列台（可用课桌代替），以及至少两部手机用于现场直播。

（5）无线网络。

（6）摄影、摄像器材（可用手机代替）。

（7）直播所需台词。

6. 场地准备

确定活动场地，如教室、录播室、演播室、摄影棚等。

7. 活动前宣传

提前制作直播活动宣传海报，通过学生、教师、家长进行网络宣传，吸引人气，扩大影响力。

8. 活动前彩排

在活动前进行直播预演，预判直播过程中可能出现的问题，并提前制定解决方案。

活动步骤

1. 精心组织与细致落实

（1）人员物资准备：在活动场地，首先进行团队集合，确认人数并盘点所有工具和物品，同时重申安全规范，确保万无一失。

（2）直播设备准备：直播筹备阶段，直播团队精心布置场地并调试设备，助理则对主播的仪态形象进行细致检查。宣传部门则在直播前积极展开网络推广，公布直播间入口，吸引广泛关注。

（3）安全保障准备：对场地和设备进行全面检查，以预防任何可能影响直播的安全隐患。直播活动随即启动，主播以清晰有力的语言，热情洋溢地介绍产品，准确传达产品特性和优惠信息。同时，主播助理配合演示，生动展现商品亮点。

（4）积极开展宣传：实时更新直播动态，通过多元渠道吸引更多观众。后勤组保障样品充足，确保灯光效果，同时在互动区发布产品链接。策划协调组密切监控各组表现，与经销商沟通库存，争取更多优惠。

（5）收尾工作落实：直播结束后，统计各项数据，包括粉丝增长量、访问量及销售量。紧接着进行活动现场的清理工作，所有道具和样品有序归还。

（6）经验总结分享：学生以小组为单位，制作包含PPT或其他直观形式的直播活动总结报告。宣传组的总结报告应涵盖工作概述、活动亮点、所得收获、个人感悟及反思改进，以此记录这次宝贵的经历。

2. 细数感动、反思精进——直播营销活动主题班会

（1）各组小组长依次汇报直播活动体会，回忆美好时光。

（2）评价反思。

① 分组展开讨论，由小组长代表本组进行自评，分析优点及不足，并提出改进措施。

② 其他小组依次对自评小组进行评价，分析优点及不足，并提出改进建议。

（3）班主任对本次直播营销活动进行总体评价。

（4）请学生自行完成活动感悟。

活动感悟（见表15-3）

表15-3 细数感动——直播营销活动感悟

我的付出	
我的收获	
我的感悟	

续表

活动剪影	（照片张贴处）

活动链接

如何开展创新创业

人们对于创新创业的需求越来越多，建议从以下几个方面来考虑。

1. 需求分析

在发掘创业项目时，眼光不要只放在能改变社会生活的大项目上，要善于发现身边的小需求，利用全新的方式去展示。只要能够给现有资源带来新价值的活动就是创新。

2. 方案设计

创新创业与传统创业最根本的区别在于创业活动中是否有"创新"因素。这里的创新不仅指的是技术方面的创新，还包含产品创新、品牌创新、服务创新、商业模式创新、管理创新、组织创新、市场创新、渠道创新等。同时，要把握新政策，合理利用政策优势，一个好的项目如果有政策的扶持，就更容易成功。

3. 方案试验

试运行方案，探索方案的可行性，查找漏洞和缺陷。

4. 完善方案

根据试验结果，解决试验过程中出现的问题。

5. 运行维护

创业需要坚持，要发挥坚持不懈的工匠精神，开展创造性劳动，在一件事情上务实求真、不断改进，要不畏风险、积极向上，创业活动才有可能成功。

劳动教育实践活动

最美劳动者

高 凤 林

高凤林，一位在中国航天科技集团有限公司第一研究院，担当特种熔融焊接工的卓越工匠。

高凤林自学校毕业后，便投身于航天焊接事业，一干就是数十年。他凭借对技艺的极致追求，成功攻克了多项航天焊接难关，为长三甲系列运载火箭、长征五号运载火箭等国家重点工程的顺利实施作出了突出贡献。

高凤林将"工匠精神"视为自己职业生涯的核心价值观，他强调长久地、全心全意地专注于一个领域，精益求精、做到极致。这种精神不仅体现在他的技术追求上，更渗透在他对工作的每一个细节中。为了磨炼基本功，高凤林甚至在吃饭时用筷子模拟焊接送丝动作，通过端水练习手的稳定性。这种对技艺的执着追求和不懈奋斗精神，让他成了同事和学生心中的楷模。

高凤林因其杰出的技术贡献和奋斗精神，荣获了多项国家级荣誉，包括全国劳动模范、全国五一劳动奖章、全国道德模范等。值得一提的是，高凤林在 2019 年被授予"最美奋斗者"的崇高荣誉。这一荣誉不仅体现了他在航天事业中的卓越贡献，更彰显了他作为新时代奋斗者的光辉形象。

综上所述，高凤林以其卓越的技术贡献、不懈的奋斗精神和崇高的荣誉表彰，成了中国航天事业中的杰出代表和广大劳动者的学习榜样！

活动评价（见表15-4）

表15-4　反思精进——直播营销活动评价表

担任职务				
责任分工				
评价项目	评价主体			
	自我评价	组长评价		对方评价
劳动意识				
吃苦耐劳				
团队合作				
沟通协调				
责任担当				
改进措施				

注：活动评价表的填写可为等级评价形式。其中，A：优秀；B：良好；C：合格；D：不合格。

活动拓展

根据本次活动体验，设计并开展一次以"直播助农为农产品打开销路"为主题的直播活动。

反侵权盗版声明

电子工业出版社依法对本作品享有专有出版权。任何未经权利人书面许可，复制、销售或通过信息网络传播本作品的行为；歪曲、篡改、剽窃本作品的行为，均违反《中华人民共和国著作权法》，其行为人应承担相应的民事责任和行政责任，构成犯罪的，将被依法追究刑事责任。

为了维护市场秩序，保护权利人的合法权益，我社将依法查处和打击侵权盗版的单位和个人。欢迎社会各界人士积极举报侵权盗版行为，本社将奖励举报有功人员，并保证举报人的信息不被泄露。

举报电话：（010）88254396；（010）88258888

传　　真：（010）88254397

E-mail：　dbqq@phei.com.cn

通信地址：北京市万寿路 173 信箱
　　　　　电子工业出版社总编办公室

邮　　编：100036